BEATRIX ISABEL LIED

DAS GROSSE
SCHÖNHEITSBUCH

BEATRIX ISABEL LIED

DAS GROSSE SCHÖNHEITSBUCH

Der ganz persönliche
Farb-, Stil- und Typberater
für Sie und Ihn

BEAUTY IS LIFE

MARY HAHN

1 FARBANALYSE FARBBERATUNG

2 KÖRPER-PROPORTIONEN TECHNISCHE STILFINDUNG

3 IMAGE STILRICHTUNG STILERKENNTNIS

Impressum:
© 1993
by Mary Hahn Verlag
in der F.A. Herbig
Verlagsbuchhandlung
GmbH, München
und **BILD**-Zeitung, Hamburg

Alle Rechte der
Vervielfältigung und
Verbreitung einschließlich
Film, Funk, Fernsehen
sowie der Fotokopie und
des auszugsweisen
Nachdrucks vorbehalten

Redaktion:
Karin Miersch
Lektorat:
Gudrun Ruoff
Grafische Konzeption,
Layout und Satz:
Hartwig Kloevekorn
Illustration:
Gerd Huss
Fotografie:
Hannelore Hopp,
Nikolaus Herrmann und
„Bilderberg", Hamburg
(Seiten 12,13,14,15)
Frisuren:
Sascha Kuschel
Make-up:
Beatrix Isabel Lied
Schmuck:
Brahmfeld & Gutruf

Herstellung:
Wolfgang Heinzel
Reproduktionen:
Findl + Partner, Icking
Druck und Bindung:
Mohndruck, Gütersloh
Printed in Germany

ISBN 3-87287-405-5

Bestimmt kennen Sie das Phänomen: Sie probieren eine neue Bluse, ein neues Oberhemd an und sehen plötzlich viel besser aus - und das, obgleich es eigentlich nicht ihr Tag ist. Oder umgekehrt: Es geht Ihnen wunderbar, man sieht es Ihnen auch an - und doch fühlen Sie sich plötzlich unwohl in dem guten neuen Stück. Ohne den Grund genau zu kennen, lehnen Sie es instinktiv ab. Die Farb- und Stilanalyse entschlüsselt dieses Geheimnis. Ein wesentlicher Punkt ist die Farbe. Besonders die Reflexion der Farbe kann Sie blaß und müde oder strahlend und frisch erscheinen lassen.

Mit unseren heutigen Erkenntnissen aus der Farbanalyse wird uns klar, warum Japaner kräftige Farben und glänzende Stoffe tragen - denken wir an Kimonos. Nun verstehen wir auch, wieso Mexikaner mit ihrer bronzegetönten Haut in ihren grobgewebten Ponchos mit warmer Farbrichtung so harmonisch wirken, Orientalen satte, leuchtende Farben, blonde Nordeuropäer dagegen eher zarte, helle Töne wählen.

Natürlich ist die Farbwahl nicht das einzige Kriterium für das persönliche Wohlergehen. Vielleicht haben Sie schon einmal in Kaufeuphorie danebengegriffen, eine Nummer zu klein oder zu groß gewählt. Auch könnte der Stil nicht im Einklang mit Ihrer Persönlichkeit stehen; oder der Schnitt stimmt nicht: der V-Ausschnitt verstärkt ein zu spitzes Kinn, die Rocklänge betont zu stramme Waden. Das heißt, nicht nur Farbe, sondern jedes Kleidungsstück, jedes Accessoire kann unser Aussehen optimieren oder das Gegenteil bewirken.

Beratung und entsprechende Tricks helfen jedem Menschen, sein optimales Äußeres zu finden. Systematisch gehen wir deshalb in diesem Buch gemeinsam alle Bereiche des „Outfits" für Frauen und Männer durch. Jeder wird daraus für sich seine Schlüsse ziehen können, zu einem neuen Stilbewußtsein und damit auch zu neuer Sicherheit und zu neuem Selbstbewußtsein kommen.

FARB-
ANALYSE
FARB-
BERATUNG

FRÜHLING SOMMER HERBST UND WINTER

FARBBERATUNG WAS IST DAS?

J eder Mensch hat seine ureigensten Farben: die Pigmentierung der Haut, der Iris und der Haare. Die Farbberatung nimmt diese zur Grundlage und findet die zur individuellen Pigmentierung passende und harmonierende Farbgruppe heraus. Das instinktive Gefühl: „Diese Farbe steht mir gut oder schlecht" wird bewußt gemacht. Wenn ich von einer Farbharmonie oder „passenden Farbgruppe" spreche, dann meine ich eine Ganzheit, die sich in einer Brillanz zwischen begleitenden Farben und der Pigmentierung zeigt.

Wir können alle Farben nach unterschiedlichen Eigenschaften zu Gruppen zusammenfassen. Die zwei wichtigsten Kriterien sind: warm und kalt. Die kalten und die warmen Farben haben wiederum spezielle Eigenschaften. Sie sind leuchtend und gedämpft. Nach diesen Eigenschaften sortiert erhalten wir vier Farbgruppen oder Farbfamilien. Die zwei großen Gruppen „Kalt" und „Warm" bekommen die zwei Untergruppen „Leuchtend" und „Gedämpft".

Die einzelnen Farben dieser vier Gruppen oder Familien haben in sich also Gemeinsamkeiten. Man könnte diese Farbkategorien nach A, B, C und D unterteilen. Aber die Benennung „Typ A" wäre nicht sehr anschaulich. Deshalb bezeichnet der Farbberater die Farbfamilien genauer, nämlich nach den Farben der Natur. Denn jede Farbgruppe ähnelt in ihrer Zusammensetzung einer der vier Jahreszeiten. Sie können also je nach Ihrer Pigmentierung ein Frühlings-, Sommer-, Herbst- oder Wintertyp sein. Vergleichen Sie einmal die speziellen Farben der vier Farbfamilien mit den typischen Bildern aus der Natur! Dann wird Ihnen der Zusammenhang ganz deutlich.

*F*rühling

Stellen Sie sich

eine blühende Wiese vor:

Maigrün und Apfelgrün,

das warme Gelb der Krokusse,

das Orangerot der Tulpen,

lauter warme

leuchtende Farben!

*S*ommer

Denken Sie an Sonne,

Meer und Strand,

an trockene Gräser und

Blütenstände.

Die Leuchtkraft des Frühlings

wird gedämpft,

die Farben wirken kühl.

Herbst

Hier ist die Assoziation

besonders einfach.

Wir sagen „Goldener Oktober",

wir denken an Herbstlaub,

an Farben wie Bronze, Messing,

Goldbraun, Kupfer,

Lodengrün und Oliv.

*W*inter

Aus dieser Jahreszeit

kennen wir klare, kühle Töne.

Nicht nur die Temperatur

ist frostig, sondern auch

die Farben wirken kalt.

Schnee, Eis und Rauhreif

geben den Ton an.

Auch unsere Pigmentierung, also unsere Farbe, welche sich in der Iris, in der Haut und in der Haarfarbe zeigt, unterliegt der Aufteilung nach den vier Farbfamilien. Aus diesem Grund spricht der Farbberater vom Frühlings-, Sommer-, Herbst- oder Wintertyp.

Sicher fällt es Unerfahrenen schwer, die Farbrichtung in der eigenen Pigmentierung sofort festzustellen. Vergleichen Sie sich aber mit anderen, die die gleiche Grundaugenfarbe haben wie Sie, also Blau, Grau, Braun oder Grün, dann werden Sie sehen, daß jeder eine andere Nuancierung hat. Das gleiche gilt für Haut- und Haarfarbe. Wir entdecken das Phänomen: Zur eigenen Pigmentierung harmoniert nur eine Farbfamilie optimal. Anders gesagt: Es gibt für jeden Menschen und seine jeweilige Pigmentierung eine adäquate Farbrichtung.

Sie könnten jetzt zu dem Schluß kommen, daß Sie während des Älterwerdens, also in der Ergrauensphase der Haare, Ihren Farbtyp ändern. Das ist interessanterweise nicht so. Richtig ist, daß die Pigmentierung sich zwar verändert, aber nur in der eigenen oder individuellen Relation, das heißt: Wir bleiben derselbe Pigmentierungstyp. Das Ergebnis der Farbanalyse bleibt konstant, die eigentliche Farbrichtung bestehen. Höre ich von einem älteren Menschen „Früher konnte ich gut Schwarz tragen, heute nicht mehr" oder „Jetzt, im Alter, muß ich hellere Farben tragen", dann weiß ich als Farbberater, die Farbe Schwarz oder die dunklen Farben waren nie optimal, die Jugend oder das frischere Aussehen hatten die an sich ungünstigen Farben nur kompensiert.

Unabhängig vom Alter spüren viele Menschen die Harmonie zwischen Farbe von außen und Farbe ihrer Pigmentierung häufig instinktiv, lassen sich aber beim Kauf einer Brille oder eines Kleidungsstückes mehr von der Mode oder allein vom Schnitt leiten. Das ist ein Fehler!

Immer, wenn Ihre Haut erst einmal gebräunt sein muß - oder Sie erst einmal Make-up auftragen müssen, damit das Kleidungsstück oder die gefärbten Haare gut aussehen, ist dies ein sicheres Zeichen für Kompensation der falschen Farben.

Auch Lichtverhältnisse und Schnitt, Form und Art von Textilien oder Accessoires spielen beim Kauf eine wichtige Rolle. In mehreren Kapiteln werde ich detailliert auf das Zusammenwirken von Körperform und Form der Kleidung, Brille, Frisur und Accessoires eingehen.

Zwischen Farbberatung, Psychologie und dementsprechenden Tests besteht kein Zusammenhang, wenngleich gutes Aussehen, verbunden mit Komplimenten, positiv für die Psyche ist. Farbberatung hat ebenfalls nichts gemein mit Farbtherapie oder Esoterik!

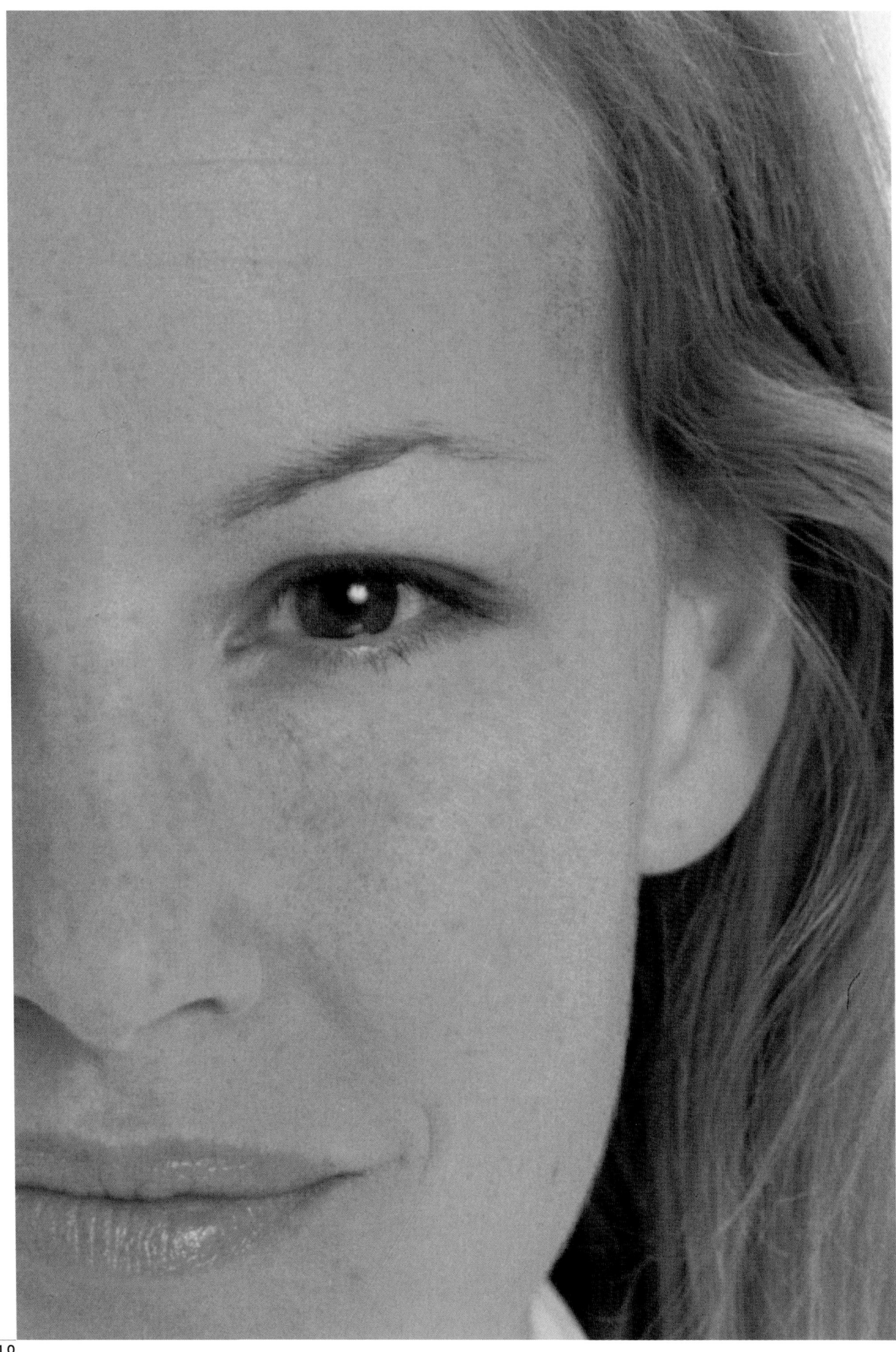

IN DER HAUPTROLLE:
AUGEN HAUT UND HAARE

Die Einschätzung der Farbrichtung in der Pigmentierung erfordert einige Erfahrung und damit ständige Vergleiche der Nuancierungen in der Farbe der Iris, der natürlichen Haarfarbe und der Hautfarbe. Deshalb habe ich, um einen Überblick zu bekommen, eine Studie zu diesem Thema gemacht. In von mir angefertigten Tabellen habe ich die Ergebnisse der Farbanalysen und die einzelnen Farbrichtungen der Pigmentierung von Iris, Haar und Haut (Gesicht, Hals, Dekolleté, Arme und Hände) eingetragen und bin zu folgendem Ergebnis gekommen:

TYPISCHE MERKMALE IN DER PIGMENTIERUNG

*A*ugen

★ blaue, braune, grüne Augen mit einem grauen Unterton:	★★ kalter Pigmentierungstyp: Sommer, Winter
★ olivgrüne, türkisfarbene, blaugrüne, grüne Augen mit einem warmen Unterton:	★★ warmer Pigmentierungstyp: Herbst, Frühling
★ dunkle Augenfarbe, z.B. Dunkelblau, Schwarzbraun:	★★ satter Pigmentierungstyp: Winter, Herbst
★ helle Augenfarbe, z.B. Hellblau, Hellbraun, zartes Grün:	★★ Frühling, Sommer
★ leuchtend-brillante Augenfarbe:	★★ Frühling, Winter
★ graue Augen:	★★ kalter Pigmentierungstyp: Sommer, Winter

*H*aare (eigene Haarfarbe)

★ blonde Haare:	★★ heller Pigmentierungstyp: Sommer, Frühling
★ dunkelblonde bis brünette Haare, evtl. auch mit einem rötlichen Schimmer:	★★ alle Pigmentierungstypen
★ dunkelbraune und schwarze Haare:	★★ satter Pigmentierungstyp: Winter, Herbst
★ kupferfarbene, goldblonde, rotblonde, flachsblonde Haare:	★★ warmer Pigmentierungstyp: Frühling
★ braune Haare mit einem kupfer- farbenen Schimmer:	★★ warmer Pigmentierungstyp: Herbst
★ schneeweiße oder weißblonde, blauschwarze Haare:	★★ kalter Pigmentierungstyp: Winter

*H*aut

★ rosiger Unterton, bläulicher Unterton:

★★ kalter Pigmentierungstyp:
   Sommer, Winter

★ bronzefarbener Unterton,
   goldener Unterton:

★★ warmer Pigmentierungstyp:
   Frühling, Herbst

★ Gesicht, Hals, Dekolleté,
   Arme und Hände
   mit unterschiedlicher Richtung:

★★ alle Pigmentierungstypen

Die ausschließliche Bestimmung des Hauttons gibt am wenigsten Aufschluß über den Pigmentierungstyp. Denn nicht selten ist die Hautfarbe von Gesicht, Hals, Dekolleté, Unterarmen und Händen unterschiedlich. Auch der sogenannte Hautbasiston, der zu jeder Hautfarbe gehört, geht eventuell an unterschiedlichen Hautarealen in verschiedene Richtungen. Deshalb sollten Sie sich nicht auf die alleinige Bestimmung des Hauttons verlassen. Übrigens hat das Bräunen der Haut keinen Einfluß auf das Ergebnis der Farbberatung, denn man bräunt nur in seiner individuellen Relation. Die Bestimmung der Farbe und Nuancierung der Iris ist dagegen bedeutend. Denn die Farbe der Iris mit der genauen Bestimmung der Kalt- oder Warm-Richtung im Einklang mit der natürlichen Haarfarbe ist am aussagefähigsten. Die Gesamterscheinung der Pigmentierung im Sinne von dunkel und kräftig oder zart und hell gibt den ersten Anhalt. Die kräftige Pigmentierung verlangt nach kräftigen Farben. Eine zarte, transparente Pigmentierung würde von zu kräftigen Farben erdrückt werden und verlangt nach leichteren Nuancen. Weltweit gesehen sind Herbst- und Wintertypen am häufigsten. Denken wir an Asiaten, Orientalen, Südamerikaner, Südeuropäer - helle, zarte Farben würden diese Pigmentierungstypen nicht kleiden.

ZUSAMMENGEFASST HABEN WIR FOLGENDEN ÜBERBLICK:

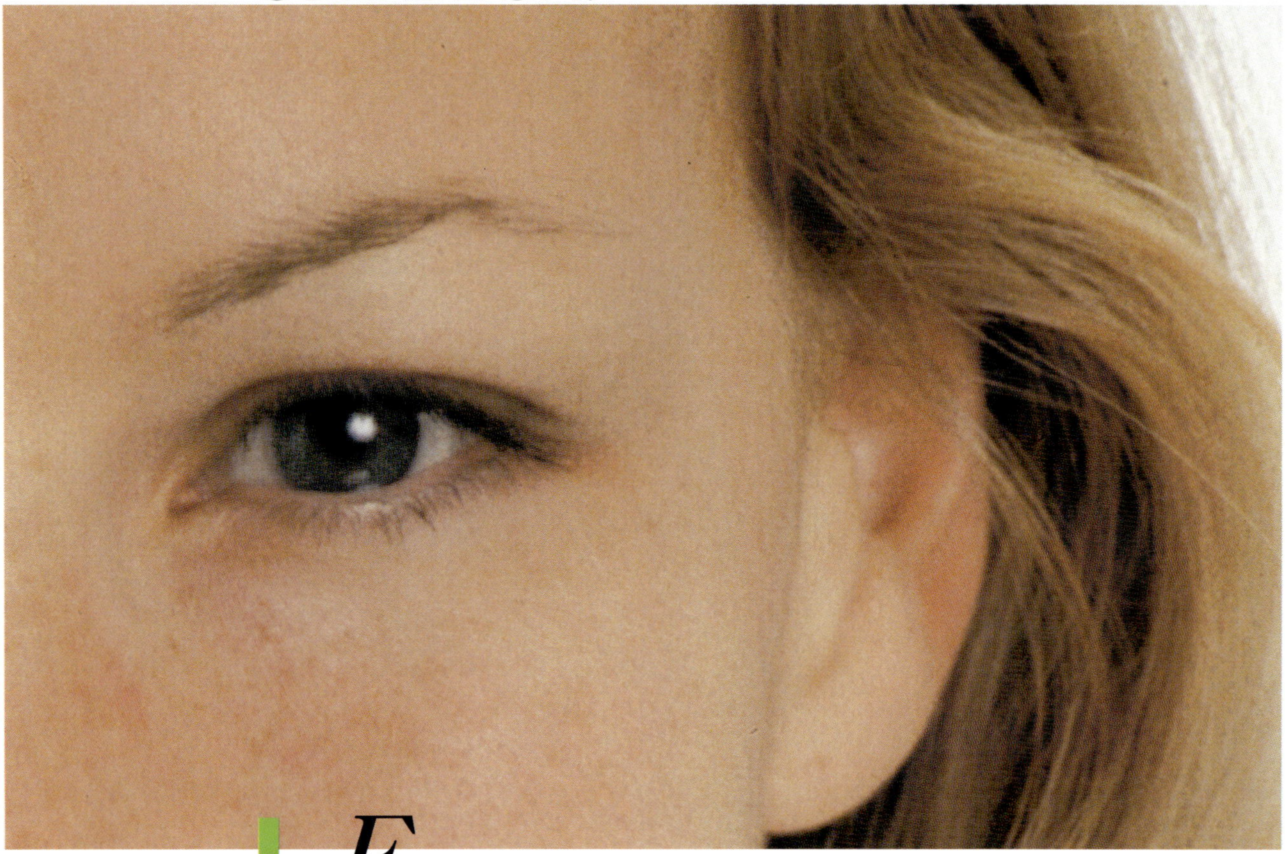

Frühling:

★ türkisfarbene Augen

★ grün-bernsteinfarbene Augen

★ olivfarbene Augen

★ blaue Augen, nicht zu dunkel,

 ohne grauen Unterton

★ Iris mit warmem Unterton

★ hellbraune Haare

★ blonde Haare

★ flachsblonde oder rotblonde Haare

★ Orangecharakter im Haar

★ leicht goldener Unterton in der Haut

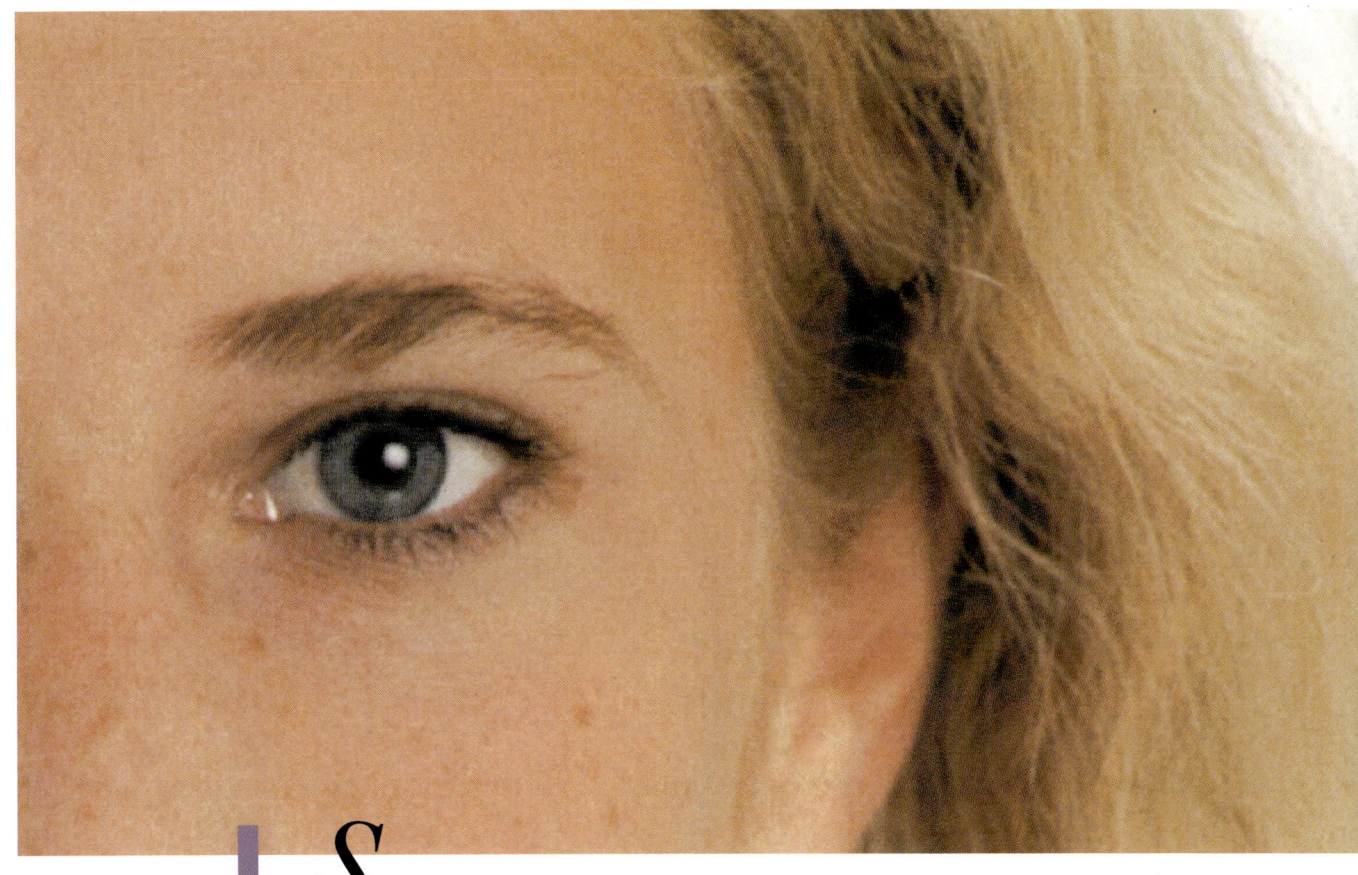

*S*ommer:

- ★ blaue Augen, grauer Unterton

- ★ graue Augen

- ★ braune Augen, grauer Unterton

- ★ grüne Augen, grauer Unterton

- ★ blonde Haare,

  eventuell rötlicher Schimmer,

  aber ohne Orangeton,

  insgesamt aschiger als Frühling

- ★ hellbraune Haare

- ★ rosiger Unterton in der Haut

Herbst:

★ dunkelbraune Augen

★ mittelbraune Augen ohne grauen Unterton

★ blaugrüne Augen

★ grünbräunliche Augen

★ mittelbraune, dunkelbraune

  oder brünette Haare,

  eventuell rötlicher Schimmer

★ bronzefarbener Unterton in der Haut

Winter:

- ★ dunkelblaue Augen

- ★ graue Augen

- ★ schwarzbraune Augen

- ★ dunkelbraune Augen

- ★ graugrüne Augen

- ★ mittelbraune,

   dunkelbraune,

   schwarze oder blauschwarze Haare

- ★ weißblonde, weiße Haare

- ★ rosige Haut oder

   olivfarbene Haut

*F*rühling

Der Frühlingstyp

ist weltweit

der seltenste -

ein Mensch, der mit

kräftigem Orange

oder Maigrün

hervorragend aussieht.

Diese beiden Farben,

die von den

meisten Menschen

geschmacklich

abgelehnt werden,

lassen ihn erstrahlen,

denn er braucht

die warme

Leuchtkraft.

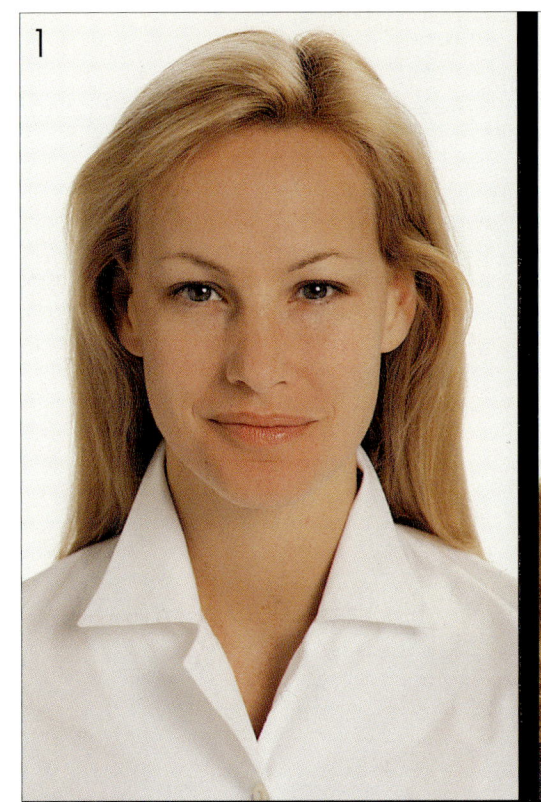

1. Ines hat
goldblonde Haare,
eine gelbliche Haut
und türkisfarbene
Augen mit einem
braunen Rand um die
Pupille.

2. Diese Töne
sind für den Frühlings-
typ zu matt,
auch das Make-up
unterstützt nur
scheinbar durch
äußerliche Harmonie
den Typ.

3. Großes Foto, rechts:
Das warme und
helle Lindgrün ist passend
für den Frühlingstyp.
Günstige Lippenstiftfarben
sind apricots
bis orangerot.

Auch bei Schmuck
ist die warme
Farbrichtung wichtig.
Gelbgold fügt sich
harmonisch ein.

1. Thomas hat
rotblonde Haare,
helle Haut
und hellblaue
Augen.

2. Für den
Frühlingstyp ist
Schwarz
am ungünstigsten,
denn Schwarz
entspricht in seiner
Dunkelheit,
Kälte und Tiefe
am wenigsten
den Eigenschaften,
die der Frühlingstyp
für seine
Pigmentierung
braucht.

3. Großes Foto, rechts:
Hier wird deutlich,
wie sich die
typischen Farben der
Frühlingspalette
in die Pigmentierung
einfügen.

3

*S*ommer

Der Sommertyp

wirkt in seiner

Pigmentierung

eher zart.

Ihn würden

zu starke Farben

völlig erdrücken.

Leichte kühle Töne

verleihen ihm

dagegen ein

harmonisches,

edles Aussehen.

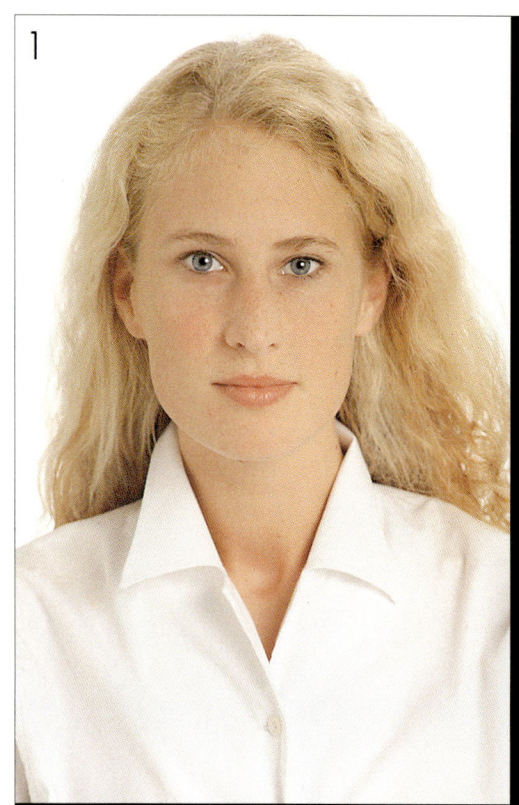

1. Renate hat
hellblonde Haare,
eine helle, rosige Haut
und graublaue Augen.

2. Kräftiges Rot
für Lippen und Kleidung
überstrahlen den
zarten Sommertyp.

3. Großes Foto, rechts:
Kühles und zartes Rosé
für die Lippen und nicht
zu kräftige Blautöne
bei Textilien geben Renate
ein abgerundetes Bild.

Für den Sommertyp
ist sanfter Glanz
wie der von Perlen oder
Weißgold ideal.

1. André hat
hell- bis mittelblonde
Haare und
graublaue Augen.

2. Das Rostrot
des Pullovers
lenkt den Blick
mehr vom Gesicht weg
als auf das Gesicht.

3. Großes Foto, rechts:
Hingegen kühle
und gedämpfte Töne
wie Jeansblau,
Grau oder
gebrochenes Weiß
unterstützen diesen
Pigmentierungstyp.

*H*erbst

Der Herbsttyp

mit dem

Bronzecharakter

in seiner

Pigmentierung

wirkt mit

goldenen Laubfarben

und warmen

matten Erdtönen

wie ein leuchtender

Oktobertag.

Nichts Schrilles

darf seine Harmonie

stören.

1. Jaqueline hat
dunkelbraune Haare
und braune Augen
mit olivfarbenen
Sprenkelchen.

2. Auch wenn die
Make-up-Farben,
die silbernen Ohrclips und
der blaue Kragen
harmonisch zusammenpassen -
diesen Pigmentierungstyp
läßt diese Farbrichtung
in den Hintergrund treten.

3. Großes Foto, rechts:
Hier wird Harmonie deutlich.
Satte und gedämpfte
warme Töne wie Braun oder
Braunrot geben ein
für sich sprechendes Bild.

Braunroter Nagellack
und Lippenstift
und goldener oder
messingfarbener
Ohrschnuck
sind optimal für den
Herbsttyp.

3

1. Frédéric hat
braune Haare
mit einem
kupferfarbenen
Schimmer.
Seine Augen
zeigen ein warmes
Mittelbraun.
Seine Haut
bräunt sehr schnell.

2. Die falschen Farben
wie Schneeweiß
oder Grau
entziehen dem Herbsttyp
die Leuchtkraft.

3. Großes Foto, rechts:
Dagegen
unterstreichen Oliv-
und Bronzetöne
seine Ausstrahlung.

Winter

Der Wintertyp

hat in seiner

Pigmentierung

lebhafte Kontraste.

Harte, eisige und

kräftige Farben

können ihm

nichts anhaben.

Im Gegenteil -

solche Farbtöne

geben ihm

Brillanz und

Ausdruck.

1. Carola hat
schwarzbraune Haare,
graugrüne Augen
und einen rosigen
Unterton in ihrer Haut.

2. Orange als eine
der wärmsten Farben
ist „Gift" für diese
Pigmentierung.

3. Großes Foto, rechts:
Hier wird deutlich:
Entsprechen wir mit
starken Kontrasten
dieser Pigmentierung,
erhalten wir dieses
strahlende Ergebnis.

Straß und andere
stark glänzende
Materialien
kann nur der Wintertyp
optimal tragen.

1. Christoph hat
braune Haare
und klare blaue Augen
mit dunkelblauem
Rand der Iris.

2. Braun
gibt dem Wintertyp
keinen Ausdruck,
warme Farben lassen ihn
fad erscheinen.

3. Großes Foto, rechts:
Auch wenn Schwarz bei vielen
eine beliebte Farbe ist,
optimal paßt sie nur
zu diesem Pigmentierungstyp.

DER FARBE
AUF DEN GRUND
GEHEN

Farbe ist Leben, denn die Welt ohne Farben erscheint uns wie tot. Farben sind Ur-Ideen, Kinder des uranfänglichen, farblosen Lichtes und seines Gegenpartes, der farblosen Dunkelheit. Wie die Flamme das Licht, so erzeugt das Licht die Farben. Farben sind Kinder des Lichtes, und Licht ist die Mutter der Farben.

„Das Licht, dieses Urphänomen der Welt, offenbart uns in den Farben den Geist und die lebendige Seele dieser Welt." — So schreibt es Johannes Itten in dem Buch „Kunst der Farbe".

Farbe kann unter verschiedenen Aspekten gesehen werden: Das Studium der molekularen Konstitution der Farbstoffe gehört in den Bereich der Chemie. Die Farbmessung und die Schwingungszahlen von farbigen Wellen sind Erfindungen der Physik. Chemie und Physik zusammen ergeben den naturwissenschaftlichen Aspekt. Es gibt aber noch einige andere Ausgangspunkte, sich mit Farbe zu beschäftigen.

Die Skizze zeigt die unterschiedlichen Bereiche und Aspekte der Farbe:

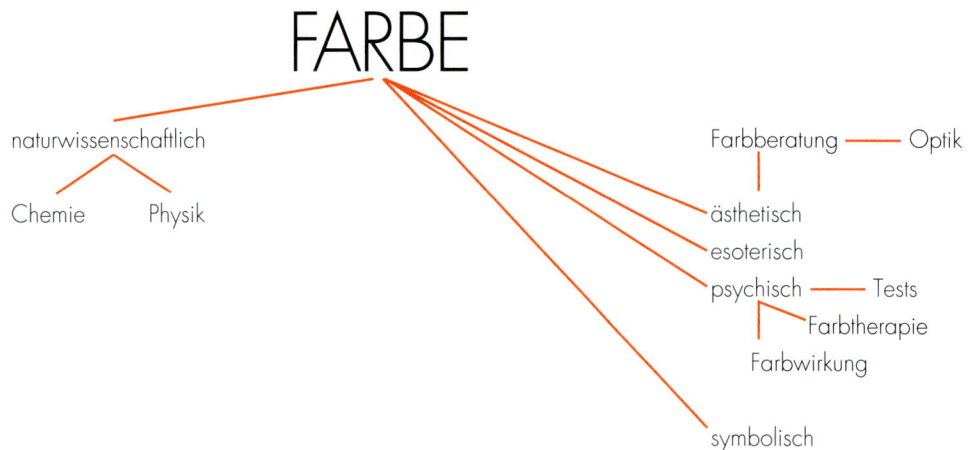

Die folgenden Seiten machen deutlich, daß die Basis der Farbberatung die Gruppierung der Farben nach Eigenschaften ist. Dieses ist ein Bereich, den es lohnt, genauer zu untersuchen: Johannes Itten, Maler und Kunsterzieher unter anderem am Bauhaus in Weimar, hat sich lebenslang mit Farbe und Farbenlehre beschäftigt. Er definiert, ab wann eine Farbe „warm" oder „kalt" ist. So ist Blau immer eine kalte Farbe. Reines Rot hingegen kann weder warm noch kalt sein, aber wird dem reinen Rot ein Quentchen Gelb hinzugemischt, wird es ein warmes Rot, wird dem reinen Rot ein Quentchen Blau beigefügt, wird es ein kaltes Rot.

Diese Aussage genau aufzunehmen ist wichtig, denn es ist für das Verständnis für warme oder kalte Farbfamilien von großer Bedeutung. Der Laie denkt, Rot sei immer eine warme Farbe. Das ist nicht richtig! Das Mischungsverhältnis bestimmt, in welche Richtung eine Farbe geht. Auch bei der Farbe Gelb denkt der Laie an einen warmen Ton. Aber: Reines Gelb mit einer Beimischung von Rot wird ein warmes Gelb, reines Gelb mit einer Beimischung von Weiß, Grau oder Grün wird kalt.

Die folgenden Farbtabellen zeigen die Mischungsverhältnisse zwischen einerseits Blau und Rot und andererseits Blau und Rot unter der Hinzunahme von Gelb.

AUF DIE MISCHUNG
KOMMT ES AN: 0 GELB

	0%	10%	20%	30%	40%	50%	60%	70%	80%	90%	100%
0%											
10%											
20%											
30%											
40%											
50%											
60%											
70%											
80%											
90%											
100%	0%	0%	0%	0%	0%	0%	0%	0%	0%	0%	0 %

AUF DIE MISCHUNG
KOMMT ES AN: **30 GELB**

	0%	10%	20%	30%	40%	50%	60%	70%	80%	90%	100%
0%											
10%											
20%											
30%											
40%											
50%											
60%											
70%											
80%											
90%											
100%	30%	30%	30%	30%	30%	30%	30%	30%	30%	30%	30%

AUF DIE MISCHUNG
KOMMT ES AN: **70 GELB**

	0%	10%	20%	30%	40%	50%	60%	70%	80%	90%	100%
0%											
10%											
20%											
30%											
40%											
50%											
60%											
70%											
80%											
90%											
100%											
	70%	70%	70%	70%	70%	70%	70%	70%	70%	70%	70%

AUF DIE MISCHUNG
KOMMT ES AN: 100 GELB

	0%	10%	20%	30%	40%	50%	60%	70%	80%	90%	100%
0%											
10%											
20%											
30%											
40%											
50%											
60%											
70%											
80%											
90%											
100%											
	100%	100%	100%	100%	100%	100%	100%	100%	100%	100%	100%

EINE PALETTE FÜR JEDE JAHRESZEIT

Die vier Farbfamilien enthalten verschiedene Farben. Das Interessante ist, daß alle diese Farben einer Farbfamilie aufgrund der sorgfältigen Bündelung nach den Kriterien warm und kalt, leuchtend und gedämpft eine jeweils gemeinsame Reflexion haben. Anders ausgedrückt, Ihnen stehen z.B. sechs Töne aus der einen Farbfamilie, dann stehen Ihnen auch die anderen Farben aus derselben Farbfamilie - unabhängig vom Geschmack. Aus einer Familie können vielleicht einige Töne, als die Spitze der brillanten Unterstreichung, Ihr Aussehen besonders gut hervorheben, dennoch sind auch die anderen Farben Ihrer Farbfamilie immer noch besser für Sie als die Farben der anderen drei Farbfamilien.

*F*rühling

*S*ommer

*H*erbst

*W*inter

*F*rühling:

WELCHE FARBEN SIND WARM UND LEUCHTEND?

Weiß ☐ Weiß ist nicht „warm". Statt dessen: Elfenbein; Eierschale; Vanille

Grau ▨ Ist nicht „warm und leuchtend"

Beige ▨ Gelbbeige; Cremebeige; Goldbeige

Braun ▨ Goldenes Gelbbraun; Camel; Karamel; Hellbraun

Gelb ▨ Orangegelb; Dottergelb; Goldgelb; Champagner

Orange ▨ Orange ist typisch für diese Farbfamilie; Lachs

Rot ▨ Orangerot; Gelbrot; leuchtendes Korallenrot; Feuerrot; Ziegelrot; helles Tomatenrot; Hummerrot

Rosa ▨ Lachsrosa

Violett ▨ Nur bedingt, ein helles leuchtendes, rotes Violett

Blau ▨ Blau ist nicht „warm"; allerhöchstens ein leuchtendes grünliches Gelbblau - Türkis (siehe unten)

Grün ▨ helles Gelbgrün; Maigrün; Apfelgrün; leuchtendes Khaki; helles Oliv

Schwarz ▨ Schwarz ist nicht „warm"

Nicht in diese Farbfamilie passen kalte und gedämpfte Farben:
vor allem Schwarz, reines Weiß, Blau und alle Farben mit blauem Unterton
wie z.B. Weinrot.

☞ Wichtige Anmerkung, die für alle Farbgruppen gilt:
Türkis und Petrol sind Töne, die zwischen „warm" und „kalt" liegen
und daher in vielen Farbkarten unterschiedlich zugeordnet werden.

50

*S*ommer:

WELCHE FARBEN SIND KALT UND ZART?

Weiß ☐ Gebrochenes Weiß; gedämpftes Weiß; Grauweiß; Wollweiß; Altweiß

Grau ▣ Große Palette Grau, von hell bis dunkel, ohne eisig zu werden; Anthrazit; Beigegrau

Beige ▢ Helles, graues Beige; Rosabeige

Braun ■ Rosabraun

Gelb ■ Zartes Zitronengelb

Orange ■ Orange ist nicht „kalt"

Rot ■ Brombeerrot; gedämpftes, weiches Blaurot; gedämpftes Weinrot oder Bordeaux

Rosa ■ Zartes Rosa; Rosé; Rosarot; Altrosa; wässriges Rosa; Graurosa; Rosenholz

Violett ■ Graue Fliedertöne; Flieder; mildes Aubergine; zartes Lila; helles Lavendel

Blau ■ Von Hellblau bis Dunkelblau ohne schrillen Charakter; Taubenblau; Himmelblau; Graublau; Rauchblau; Jeansblau; mildes Grünblau

Grün ■ Zartes Blaugrün; Türkis

Schwarz ■ Schwarz ist zu hart für die Kriterien dieser Farbfamilie

Nicht in diese Farbfamilie passen warme, grelle Farben
wie z.B. Orange und sehr dunkle harte Farben.

Herbst:

WELCHE FARBEN SIND WARM UND GEDÄMPFT?

Weiß ☐ Weiß ist nicht „warm". Dafür aber ein sattes Elfenbein; Vanille

Grau ▨ Nur meliertes Beigegrau

Beige ▨ Gelbliches Beige; Zimt; Goldbeige

Braun ▨ Ocker; Camel; Hellbraun; Mittelbraun; alle goldbraunen und gelbbraunen Töne;
außer Schwarzbraun und Rosabraun

Gelb ▨ Maisgelb; Messing; Curry; Senfgelb

Orange ▨ Gedämpftes Orange; Braun-Orange; Kupfer

Rot ▨ Rost ist typisch für die Farbfamilie; braunes Rot; Granatrot

Rosa ▨ Rosa ist untypisch; allerhöchstens paßt ein bräunliches Lachsrosa

Violett ▨ Bräunliches Aubergine

Blau ▨ Blau ist nicht „warm". Grenzfall: Petrol

Grün ▨ Lodengrün; Khaki; Moosgrün; Oliv; bräunliches oder gelbliches Dunkelgrün

Schwarz ▨ Schwarz ist nicht „warm"

Nicht in diese Farbfamilie passen kalte und klare Farben
wie z.B. Schneeweiß, Blaurot oder Blau

*W*inter:

WELCHE FARBEN SIND KALT UND LEUCHTEND?

Weiß ☐ Schneeweiß; Kalkweiß; Kreideweiß,
das „weißeste Weiß" ist typisch für diese Farbfamilie

Grau ▨ Eisgrau; Stahlgrau; Silbergrau

Beige ▨ Beige entspricht nicht den Kriterien dieser Farbfamilie; höchstens ein klares Grau-Beige

Braun ▨ Schwarzbraun

Gelb ▨ Zitronengelb; eisiges, starkes Gelb

Orange ▨ Orange ist nicht „kalt"

Rot ▨ Kräftiges Blaurot; frisches Weinrot; Burgunder mit harter blauer Richtung;
Bordeaux; klares Rot ohne Gelbstich

Rosa ▨ Klares Rosa in Eistönen; Pink; Fuchsia

Violett ▨ Kräftiges Violett; Blaulila; Schwarzviolett; Lavendel

Blau ▨ Alle kräftigen Blautöne; Schwarzblau; Eisblau; Royalblau; Kobaltblau;
Königsblau; Marine; Kornblumenblau

Grün ▨ Blaugrün; bläuliches Dunkelgrün; Schwarzgrün

Schwarz ■ Schwarz paßt ausschließlich in diese Farbfamilie

Nicht in diese Farbfamilie passen warme, gedämpfte und laue Farben:
Lachs, Beige, Rost, Gold, Braun außer Schwarzbraun.

SEITENSPRÜNGE
NICHT GANZ
UNGEFÄHRLICH!

Unter den vier Farbfamilien besteht eine Verwandtschaft: Zwei von ihnen sind in ihrer Richtung warm, zwei sind kalt, zwei gedämpft und zwei leuchtend. Außerdem ergibt sich, daß zwei hell und zwei dunkel in ihrer Ausstrahlung sind. Vergleichen Sie auf der gegenüberliegenden Seite! Aus der Verwandtschaft der Farbfamilien ergeben sich bei der Analyse - speziell für Ungeübte - leicht Verwechslungen: Um sie zu vermeiden, müssen wir die typischen Farben, die das Zusammenspiel der Pigmentierung und der passenden Farbgruppe erkennbar machen, genau einkreisen.

Dabei werden die Gefahrenpunkte deutlich: Wir fragen uns beim Frühlingstyp, welche Farben warm und leuchtend sind. Die Antwort: zum Beispiel Orangerot, Dottergelb, Maigrün. Dagegen beim Herbsttyp: Welche Farben wirken warm, aber gedämpft? Die Antwort: statt Maigrün eher Lodengrün, statt Orangegelb eher Rost. Fragen wir nach den Farben des Sommertyps: Welche sind kühl und zart, ist die Antwort: zum Beispiel Flieder mit grauem Unterton oder ein Taubenblau. Für den klaren kräftigen Wintertyp kommt statt dessen eher ein leuchtendes Violett oder das starke Royalblau in Frage.

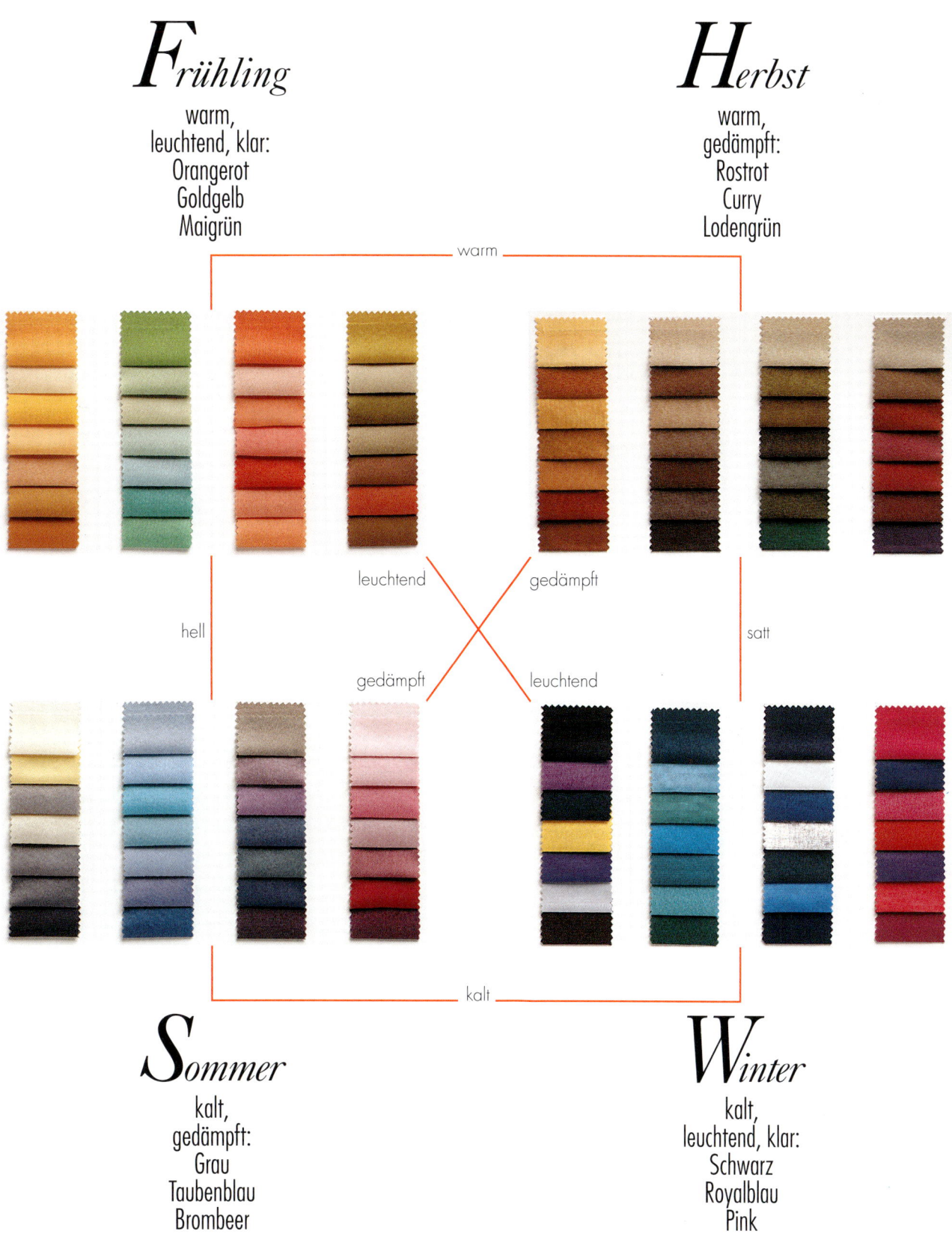

Frühling
warm,
leuchtend, klar:
Orangerot
Goldgelb
Maigrün

Herbst
warm,
gedämpft:
Rostrot
Curry
Lodengrün

warm

leuchtend

gedämpft

hell

satt

gedämpft

leuchtend

kalt

Sommer
kalt,
gedämpft:
Grau
Taubenblau
Brombeer

Winter
kalt,
leuchtend, klar:
Schwarz
Royalblau
Pink

ENTDECKEN SIE IHREN TYP

Unsere Pigmentierung bestimmt unsere persönlichen Farben. Wir sprechen von Hautfarbe, Haarfarbe und Augenfarbe. Die Bestimmung der Farbeigenschaften (warm, kalt, klar, kräftig, zart oder gedämpft) gilt auch für unsere Pigmentierung. Die Kombination von Farbe von außen und Farbe unserer Pigmente ergibt entweder ein harmonisches, brillantes – oder ein disharmonisches Bild. Harmonie zeigt sich z.B. in klarer, straffer Haut, leuchtenden Augen und schön glänzenden Haaren.

Disharmonie zeigt sich in deutlichen Augenrändern. Die Haut wirkt fleckig und schattig, die Gesichtskonturen werden unscharf oder zu stark betont, eine kräftige Unterkieferpartie wird beispielsweise zu sehr hervorgehoben. Das Weiße in den Augen wirkt gelblich, die Haare bekommen einen dunklen Ansatz, sehen dann leicht fettig aus oder wirken spröde und unfrisiert.

Mit anderen Worten: Die für uns richtige, daher günstige Farbfamilie läßt uns brillant erscheinen, die ungünstigen Farbfamilien geben uns ein müdes Aussehen oder überstrahlen uns, so daß unser Gesicht weniger zu Geltung kommt.

*D*ie Pigmentierung in ihrer Farbrichtung auf den ersten Blick zu erkennen, fällt schwer. Erst in Kombination mit Farbe von außen werden die oben beschriebenen Wirkungen deutlich. Für die Farbanalyse benötigt der Farbberater ein paar technische Hilfsmittel: einen Spiegel mit integrierten Tageslichtglühlampen, Analysetücher und sogenannte Finaltücher. Eine Analyse sollte nur bei ungeschminktem Gesicht gemacht werden. Die Kleidung wird mit einem neutralen Tuch abgedeckt. Brille und Ohrschmuck müssen abgelegt werden. Fallen die Haare in das Gesicht oder sie sind gefärbt, müssen sie aus dem Gesicht genommen werden. Dann legt man die Analysetücher mit typischen Farben der vier Farbfamilien unter das Gesicht und blättert sie nacheinander ab. Während der Analyse kommen zum Beispiel vier Gelbtöne vor: das warme Dottergelb (Frühling), das kühle, zarte Gelb (Sommer), das curryähnliche Gelb (Herbst), das starke, neonartige, kalte Gelb (Winter). Auch wenn man die Farbe Gelb nicht mag, wird einer der vier Gelbtöne zur Pigmentierung der passende sein. Die Reflexion der Farben zum Gesicht wird beobachtet. Nicht abgelenkt von Form und Stil eines Kleidungsstückes oder schlechten Licht-verhältnissen wie häufig in Geschäften sind die Unterschiede der Wirkung der einzelnen Farben wunderbar zu sehen.

Bei der Analyse sollten Sie sich grundsätzlich von Geschmack, Mode oder sonstiger Einstellung zu einzelnen Farben frei machen. Die Analyse zeigt die für die Pigmentierung günstigste Farbfamilie. Mögen Sie die eine oder andere Farbe aus dieser Farbfamilie nicht, so ist das kein Problem, denn es gibt in jeder Farbfamilie genügend Farbnuancen zur Auswahl. Nach der Farbanalyse gibt der Farbberater einen sogenannten Farbpaß mit, um das zukünftige Einkaufen zu erleichtern. Diesen Farbpaß gibt es in allen Farbzusammenstellungen, adäquat zu den vier Pigmentierungstypen.

EIN LIPPENSTIFT
KANN VIEL BEWEISEN

Wenn man an das Ausmaß einer Farbanalyse denkt, wird die große Verantwortung der Farbberater deutlich, denn das Ergebnis der Farbberatung bleibt das ganze Leben konstant. Deshalb sollte für die Analyse genügend Zeit genommen werden. Die nachfolgende Aufstellung zeigt die Spitze der Farben für die vier Farbtypen. Diese Farben, übertragen auf Lippenstift, Ohrclips und Brille, können als Beweismittel für die richtige Analyse genommen werden. Dabei gibt es für Frauen, wenn wir an die Auswahl der Accessoires denken, viele Möglichkeiten für den Beweis des richtigen Ergebnisses der Farbanalyse. Für den Mann eignet sich eigentlich nur die Brille.

Möchten Sie versuchen, sich selbst zu analysieren, werden Sie mit den in diesem Kapitel beschriebenen Beweismitteln Ihrer Farbrichtung ein wenig näherrücken. Wichtig ist, daß Sie abgeschminkt sind. In jedem Fall sollte das Gesicht optimal ausgeleuchtet sein.

Entscheidend ist, nicht nur eine der vier Zusammenstellungen zu nehmen, denn Sie können durch die passenden Accessoires und den dazugehörigen Lippenstift eine äußere Harmonie herstellen, die aber trotzdem nicht optimal zu Ihrer Pigmentierung paßt. Erst Vergleiche bringen ein Resultat.

Zur Feststellung, ob eine warme oder eine kalte Pigmentierung vorliegt, finde ich ein vanillefarbiges und ein weißes Tuch besonders schön. Schon hierbei zeigt sich die unterschiedliche Reflexion zum Gesicht. Die folgenden Beweismittel sind in Ihren Farben besonders deutlich gewählt. Sie charakterisieren die einzelnen Farbgruppen in ihrer Unterschiedlichkeit.

Als weiblicher Frühlingstyp sollten Sie, bei diesem Test mit kräftigem, orangerotem Lippenstift geschminkt, bedenken, daß Sie selbstverständlich auch zartes Orange tragen könnten, aber diese Farbe wäre auch für den Herbsttyp als Lippenstift möglich - und eine zarte Farbe ist gut für den Sommertyp -, darum nehmen Sie zum deutlichen Herausarbeiten diese typischsten Farben.

*F*rühling

typisch warm und leuchtend: kräftiges Orangerot, Maigrün

Lippenstift: kräftiges, gelbes Rot

Ohrclip: mattes Gelbgold

Brille: honigfarbenes Gestell, orangefarbiges Gestell

*S*ommer

typisch kalt und zart: gräuliches Flieder, Brombeer, zartes graues Rosa, Taubenblau

Lippenstift: nicht glänzender, zarter Rosaton

Ohrclip: Silber, Weißgold, rosafarbene Steine

Brille: zartgraues Gestell, fliederfarbenes Gestell, rosafarbenes Gestell

*H*erbst

typisch warm, satt und gedämpft: Lodengrün, Kupfer, Goldbraun

Lippenstift: dunkelbraun

Ohrclip: mattes Kupfer oder Holz

Brille: goldbraunes Gestell

Winter

typisch kalt, kräftig und klar: Schwarz, Royalblau

Lippenstift: sehr kräftiges Blaurot

Ohrclip: Straß

Brille: schwarzes Gestell

STOFF
MUSTER
SCHMUCK
BRILLE
HIER FINDEN SIE
ALLES FÜR IHREN TYP

Nicht nur die vier Farbfamilien, sondern auch Stoffe und Accessoires haben durch Art und Formen einen eigenen Charakter. Bei der Beschäftigung mit den vier Pigmentierungstypen und ihren typischen Stoffen und Accessoires fällt auf: nicht jede Stoffart, nicht jedes Muster und nicht jedes Accessoire ist für alle Menschen gleich gut. Das ist verständlich, denn wenn Ihnen die warmen Farben besser stehen als die kalten, dann können Sie die Erkenntnis genauso auf eine Stoffoberfläche übertragen und damit die z.B. warme Wirkung perfektionieren.

Ein glänzendes Material wirkt kühler als ein mattes. Insofern sieht eine glänzende Oberfläche für die beiden kühlen Farbfamilien besser aus als für die warmen. Da der Wintertyp mit klaren und noch kälteren Farben besser aussieht als der Sommertyp, sind für den Wintertyp die am stärksten glänzenden Stoffe am besten. Anders ausgedrückt: Der Charakter der Farbfamilien kann auch bei Stoffarten, Mustern, Schmuck und Accessoires „abgerufen" werden.

*F*rühling

Stoffarten:

★ feine Stoffe
★ matte Stoffe
★ fein gewebte Stoffe
★ fein gestrickte Gewebe
★ Leinen, Viskose, auch Gemische aus beiden
★ Seidengemische
★ feines, weiches Wildleder
★ matter, weicher Samt

Muster:

★ kleine und liebliche Muster, z.B. Rhomben
★ Krawattenmuster
★ kleine Punkte
★ originelle Motive
★ sehr günstig: kein Muster, uni
★ klassische Muster wie Glencheck und Fischgrat sollten zurückhaltend sein

Accessoires und Formen:

★ liebliche Formen
★ originelle Formen und Applikationen
★ schlichte, aber nicht zu strenge Formen

Krawatte:

★ Punkte
★ Krawattenmuster
★ Wiederholungsmuster
★ originelle und
   lustige Motive

Schmuck:

★ mattes Gelbgold
★ Messing

Steine:

★ Koralle
★ rosafarbene bis
   cremefarbene Perlen
★ heller Smaragd
★ Beryll
★ gelber Topas
★ Peridot
★ apfelgrüner Türkis

Brille:

★ gelbliches Hell-
   bis Mittelbraun
★ Orange
★ lachsfarbenes Gestell
★ mattes Gelbgold

Haarfarben
oder Strähnen:

★ Hell-Kupfer
★ Goldblond
★ Goldbraun
★ Haselnuß
★ Henna
★ Flachsblond
★ Honigblond
★ Rotbraun

*S*ommer

Stoffarten:

★ zarte Stoffe
★ transparente Stoffe
★ leicht glänzende Stoffe
★ glatte Stoffe
★ fein gewebte Stoffe
★ fein gestrickte Gewebe
★ Seide
★ Crêpe de Chine
★ Chiffon, Organza
★ Batist
★ merzerisierte
　Baumwolle
★ feines Leinen,
　möglichst
　als Mischung
　mit Seide
★ Tüll, Spitze
★ feines, weiches
　Wildleder
★ feines, weiches
　Glattleder
★ feiner, zart
　glänzender Samt

Muster:

★ Blumenmuster
★ Pepita, Paisley
★ zarter Glencheck
★ generell kleine oder
　zurückhaltendere
　Muster wie z.B.
　kleiner Hahnentritt

Accessoires
und Formen:

★ Schleifen, Federn
★ Rüschen
★ aufwendige Verar-
　beitungen bei Taschen,
　Gürteln u.s.w.
★ weiche, romantische
　Elemente

66

Krawatte:

★ Blumenmuster
★ unaufdringliche
  Muster

Schmuck:

★ Weißgold
  (auch matt)
★ helles, glänzendes
  Gelbgold
★ eventuell
  helles Rotgold
★ Silber, Platin, Stahl

Steine:

★ Amethyst
★ Mondstein
★ Brillanten
★ Saphir
★ Opal
★ Aquamarin
★ Perlen
★ Türkis
★ Rosenquarz

Brille:

★ Pastellfarben
  (blauer Unterton)
★ opalisierend
★ Grau, Graubraun,
  Rosabraun
★ Flieder, Rosa
★ Hellblau

Haarfarben
oder Strähnen:

★ aschig, matt, silbrig
★ Aschblond
★ Hell- und Mattblond
★ Rosenholz
★ Blaugrau

*H*erbst

Stoffarten:

★ matte Stoffe
★ grob gewebte
   Stoffe
★ grob gestrickte
   Gewebe
★ aufgerauhte
   Stoffstruktur
★ knitterige Stoffe
★ Loden
★ Flausch
★ dicke Norweger-
   strickware
★ Mohair
★ Wildleder
★ Velour
★ Bouclé
★ gewaschene Seide
★ matter Samt
★ Leinen, Tuch
★ Cord

Muster:

★ Tweed
★ Paisley
★ Hahnentritt

Accessoires
und Formen:

★ rustikale und
   grobe Formen
★ kunstgewerbliche
   Details
★ folkloristische
   Elemente

Krawatte:

★ Paisley
★ Schotten
★ Strick

Schmuck:

★ mattes Gelbgold
★ Rotgold
★ Messing
★ Kupfer
★ Bronze
★ Holz

Steine:

★ Bernstein
★ Granat
★ Korallen
★ gold- bis creme-
   farbige Perlen
★ Smaragd
★ Citrin
★ Beryll
★ rotbrauner Topas
★ Rauchquarz
★ Tigerauge

Brille:

★ mattes Gelbgold
★ Kupfer
★ warmes Hell- bis
   Dunkelbraun
★ Rost
★ warmes Schildpatt

Haarfarben
oder Strähnen:

★ Kupfer
★ Kastanie
★ Henna
★ Goldbraun
★ Rotbuche
★ Dunkelbraun
   mit rötlichem
   Schimmer

*W*inter

Stoffarten:

★ glatte Stoffe
★ stark glänzende Stoffe
★ fein gewebte Stoffe
★ feine Strickwaren
★ Seide, Satin, Taft
★ Duchesse
★ Glattleder, Lack
★ Lurex, Lamé

Muster:

★ graphische Muster
★ große Muster
★ großer Hahnentritt
   in Schwarz-Weiß
★ klares, großes Karo
★ großer Glencheck
★ Muster, die an
   Picassos kubistische
   Zeit erinnern
★ Muster, die typisch sind
   für Piet Mondrian
★ schwarz-weiß
   abgesetzte
   Farbrechtecke,
   die an Courrèges
   aus den 60er Jahren
   erinnern

Accessoires und Formen:

★ strenge Linien
★ graphische Formen
★ futuristische Elemente
★ Plexi
★ Pailletten, Metall
★ Glattleder, Lack

Krawatte:

★ graphische,
   harte Muster
★ Streifen
★ Glattleder

Schmuck:

★ Weißgold, Silber,
★ Platin, Stahl

Steine:

★ Straß
★ Brillanten
★ Smaragd
★ Saphir
★ Rubin
★ Bergkristall
★ schwarze, silbrige
   oder weiße Perlen
★ Zirkon
★ Lapislazuli
★ Azurit
★ Labradorit

Brille:

★ Schwarz, Weiß
★ Schwarzbraun
★ Blau, Blaurot
★ Silber
★ kräftiges Violett
★ Damenbrillen
   mit Straß besetzt

Haarfarben
oder Strähnen:

★ Platin
★ Silber
★ aschig
★ Silbergrau
★ Blauweiß
★ Blauspülung
★ Aschbraun, Aubergine
★ Dunkelbraun
★ Mahagoni
★ Bordeaux
★ Violett
★ schwarze Kirsche
★ Schwarz
★ Blauschwarz

*D*ie Übertragung des Charakters der vier Farbfamilien auf Stoffe und Accessoires ist interessant und aufschlußreich. Aber eine Gefahr ist dabei: die Einschränkung und Einengung! Für viele Farbberater ergibt sich die Erkenntnis, es gäbe anhand der vier Pigmentierungstypen auch nur vier Stiltypen, nämlich den Wintertyp als dramatischen Typ, den Sommertyp als romantischen Typ, den Frühlingstyp als verspielten Typ und den Herbsttyp als sportlichen Typ. Das ist zu einfach und zu phantasielos. Wenn wir bedenken, daß wir als Kind unseren Farbtyp ermitteln können und sich dieser ein Leben lang nicht ändert, dann dürfte sich auch unsere Stilrichtung nicht ändern. Ich sehe es eher entgegengesetzt: Wenn Sie sich romantisch darstellen möchten, erreichen Sie dieses mit zarten Farben und Blumenmotiven. Das heißt, wenn Sie diese Stilrichtung umsetzen möchten, gelingt dieses gut bei dem Sommertyp. Das heißt aber nicht, daß jeder Sommertyp romantisch ist oder so aussehen muß. Denken Sie an den klassischen Typ (siehe S. 146), dann gelingt diese Umsetzung ebenso gut mit den Farben des Sommertyps, Blau und Grau.

Ein anderes Beispiel: Möchten Sie sich dramatisch darstellen, gelingt diese Umsetzung gut mit der Farbe Schwarz. Schwarz ist nur für den Wintertyp brillant, also können Sie dieses Styling gut als Wintertyp anwenden, was aber nicht heißt, daß jeder Wintertyp ein dramatisches Outfit haben muß. Dennoch ist es sehr komplex, den Charakter der Farben auch bei Mustern und Strukturen von Textilien und Accessoires herauszukristallisieren.

FARB-BERATUNG
IST KEIN DOGMA

Die Farbberatung und ihre benachbarten Gebiete Stil und Image begeistern mich, und ich bin ein Verfechter dieser Anschauung. Aber der dogmatische und damit starre Umgang gerade in diesem Bereich ist mir häufig zu einengend. Wenn daraus statt Hilfe Zwang und destruktive Eingrenzung für den Menschen wird, ist meiner Meinung nach der Sinn verfehlt. Gerade im kreativen Bereich ist das Erkennen und das Bewußtsein für die Harmonie zwischen Pigmentierung und Farbe von außen sehr wertvoll, um entweder der Harmonie zu entsprechen, oder aber, um ganz bewußt die Harmonie zu durchbrechen.

Unabhängig von der Pigmentierung können zwei gegensätzliche Farbfamilien sehr dynamisch sein und positive Spannung geben. Wie häufig sehen wir Bilder in der Natur mit einer Mischung von Farben aus unterschiedlichen Farbfamilien. Exotische Vögel haben ein buntes Gefieder in allen Farben des Regenbogens. Die Natur zeigt ein goldgelbes Rapsfeld mit knallblauem Himmel - ebenfalls ein in einer einzigen Farbfamilie nicht vorgesehener Zweiklang.

Zurück zu unserer Pigmentierung: Mit den Erkenntnissen der Farbberatung verbessern wir unser Aussehen, und es wäre unklug, sich dieser Möglichkeit nicht zu bedienen. Allerdings finde ich goldene Knöpfe am dunkelblauen Blazer oder goldene Elemente an einer schwarzen Lederhandtasche für den Wintertyp keine Katastrophe, und ich möchte bei solchen Fragen die geschmackliche Entscheidung jedem Menschen selbst überlassen. Wichtig ist, daß im Bereich des Oberkörpers, vor allem am Hals und im Gesicht, die Farben stimmen.

KÖRPER-PROPORTIONEN
TECHNISCHE STILFINDUNG

2

GESICHT UND FIGUR
IM WANDEL DER ZEIT

*I*n Europa und Amerika werden die Menschen heute generell größer als vor 30 Jahren. Durch das höhere Längenwachstum hat sich auch die Idealfigur verändert. Vor allem bei Frauen wird ein Unterschied im Körperbau deutlich. Noch vor 20 Jahren galt es als ideal, wenn die Schulterbreite 2 cm mehr als die Hüftbreite betrug und die Beinlänge der Hälfte der Körperlänge entsprach. Heute haben vor allem jüngere Frauen wesentlich längere Beine. Bei Männern war eine athletische Figur auch früher ideal. Darum fällt die heutige Idealvorstellung der Figur bei Frauen mehr auf.

Auch die Gesichter haben sich verändert. Bei Gemälden aus früheren Zeiten fällt vor allem bei Frauen auf, daß die Stirn gewölbter, die Augen runder, der Mund kleiner und der Unterkiefer nicht dominant wirkte. Die Modejournale präsentieren heute bei Frauen und auch bei Männern kantigere Gesichtszüge, mit dominantem Unterkiefer. Die Augen sind schmaler und die Lippen üppiger.

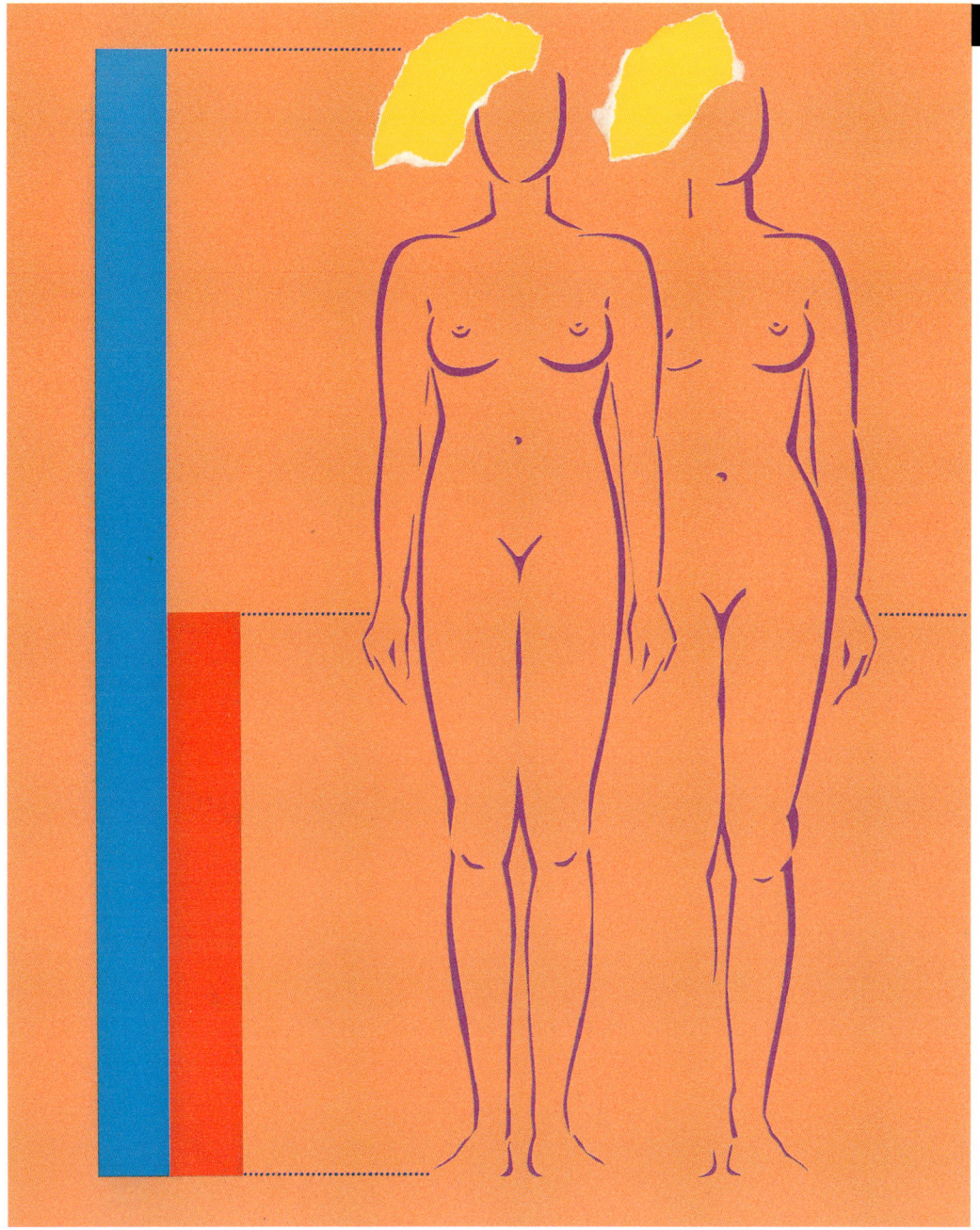

Früher entsprach die Beinlänge der Hälfte der Körperlänge.

Die Schultern waren schmal und die Hüften betont.

Heute sind die Beine länger, die Schultern breiter und

die Taille etwas stärker.

GESICHT
UND FIGUR
IM WANDEL
DER ZEIT

Früher waren die weiblichen Gesichter

weicher, runder und gewölbter.

Heute sind die weiblichen Gesichter

kantiger, mit einer betonten Unterkieferpartie

und schmalen Augen.

MACHEN SIE
DEN GROSSEN CHECK
VOR DEM SPIEGEL

Beginnen wir vorerst für Männer und Frauen gemeinsam. Generell kommt es bei einer Analyse des Körperbaus nicht auf einen Zentimeter oder auf ein Kilogramm mehr oder weniger an. Ein kleinerer Mensch kann eventuell länger aussehen als ein größerer Mensch, weil die Proportionen sich anders zeigen. Ebenso können zwei Menschen mit gleichem Gewicht und etwa derselben Größe sehr unterschiedlich wirken. Außer der Größe sind Faktoren wie Knochenbau, der zierlich bis stämmig sein kann, und die Stellen, an denen sich eventuelle Pölsterchen ansetzen, entscheidend.

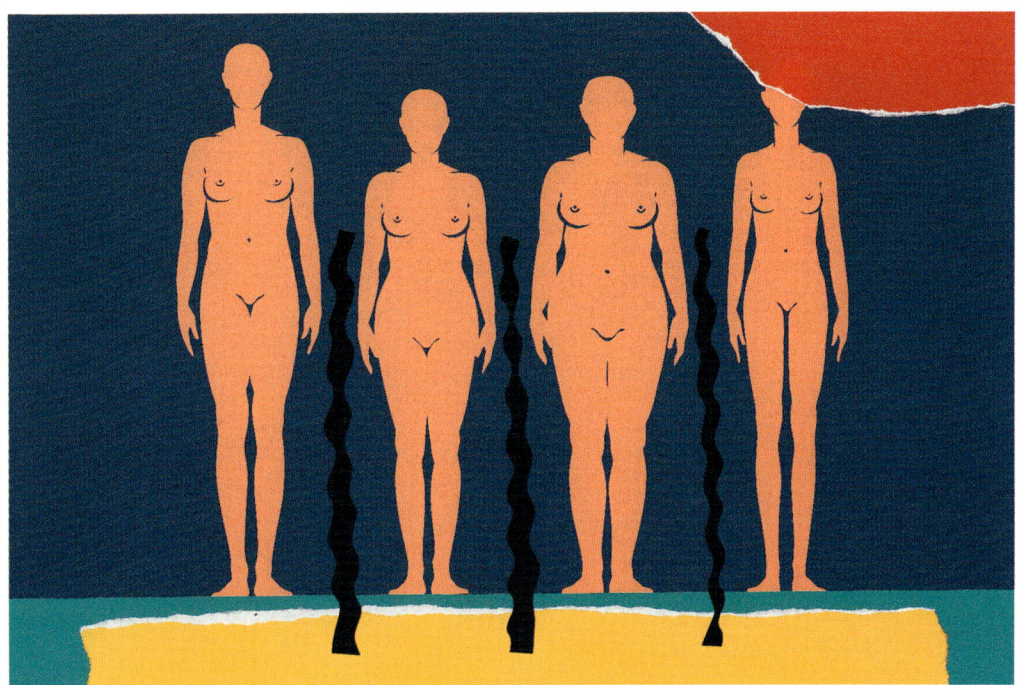

Auf den ersten Blick erfassen wir sofort, ob jemand ●lang ●kurz ●dick ● dünn ist. Für alle vier Figurvarianten gibt es für Frauen und Männer gemeinsame Faustregeln. Wenn Sie sich die oben angeführten Eigenschaften vergegenwärtigen, dann kann eine davon auf eine Figur zutreffen. Es können aber auch zwei dieser Eigenschaften für eine Figur in Frage kommen. In einem solchen Fall müßten die dazupassenden Faustregeln kombiniert werden.

FAUSTREGELN

★ Je länger der Mensch oder ein Körperteil,
desto mehr darf unterbrochen werden
(große Körpergröße bei Männern ab 1,82 m,
bei Frauen ab 1,72 m).

★ Je kürzer oder gedrungener der Mensch
oder ein Körperteil,
desto weniger darf unterbrochen werden
(kleine Körpergröße bei Männern unter 1,72 m,
bei Frauen unter 1,65 m).

★ Je dicker der Mensch oder ein Körperteil,
desto fließender sollte die Silhouette sein.

★ Je dünner der Mensch oder ein Körperteil,
desto bauschiger sollte die Silhouette sein.

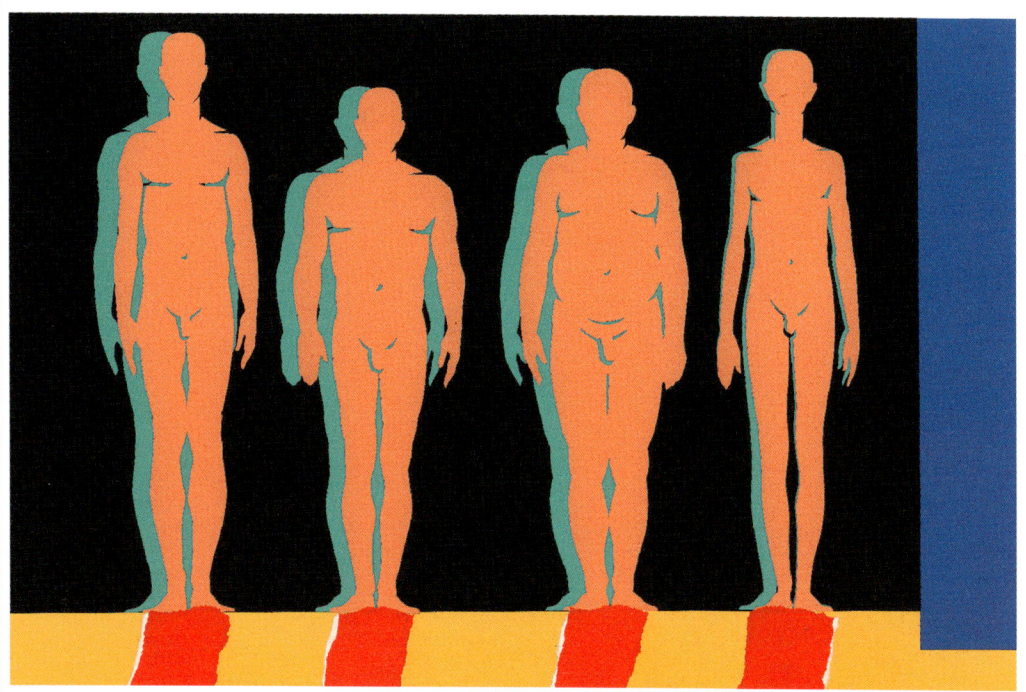

Zur Einschätzung Ihrer Figur ist ein kritischer Blick von allen Seiten erforderlich. Fangen Sie am besten

von vorn und am Kopf an: Die Gesichtsform ist am besten bei aus dem Gesicht gekämmtem Haar zu

erkennen. Betrachten Sie die seitliche Stirnpartie und die Schläfe im Vergleich zum Unterkiefer.

Dabei fällt auf, ob Ihr Gesicht oben oder unten breiter ist, stellen Sie die Länge des Gesichtes mit der

Breite in ein Verhältnis. Nun fällt auf, ob das Gesicht lang oder rund ist.

Die Benennung des Gesichtes nach einer geometrischen Form ist nicht wichtig. Von Bedeutung aber ist das Erkennen einer kleinen oder gravierenden Unausgewogenheit. Auf den Darstellungen Seite 83/84 sind sechs verschiedene Gesichtsformen als Hilfe für die Analyse vorgegeben.

Als optimal und harmonisch gilt das ovale Gesicht. Falls Sie nach einem Fehler oder nach der Bestimmung der Gesichtsform erst suchen müssen, gibt es keinen Fehler, oder dieser ist so gering, daß Sie ihn nicht ausgleichen müssen! Sich oder einen anderen Menschen einzuschätzen, fällt leichter, wenn der Blick dafür durch Vergleiche verschiedener Gesichter geschult wird.

Bei auffällig ungünstiger Gesichtsform sollten Sie keine Wiederholung dieser Form bei Halsausschnitt, Kragenform, der Brille oder Ohr- und Halsschmuck wählen, z. B.: Sie haben einen betonten Unterkiefer, d. h., die Unterpartie Ihres Gesichtes wirkt viereckig, dann würden ein viereckiger Ausschnitt, eine viereckige Brille oder ein gerader Pony Ihre Gesichtsform potenzieren.

Allerdings könnte auch durch den Einsatz von zu gegensätzlichem Kontrast ein Problem in der Form betont werden, z. B.: Sie haben ein kreisrundes Gesicht und verwenden einen extrem langen Ohrschmuck.

Generell gilt: Je stärker Unausgewogenheiten ins Auge fallen, desto wichtiger ist Ausgleichen und Kaschieren.

OPTISCHE REGELN

Körper oder Gesichts-
form ist nicht ideal:
nicht die gleiche Form
von außen wiederholen

Eine Form
ist extrem negativ:
nicht außen genau
das Gegenteil wählen,
sonst Hervorhebung
durch Kontrastwirkung

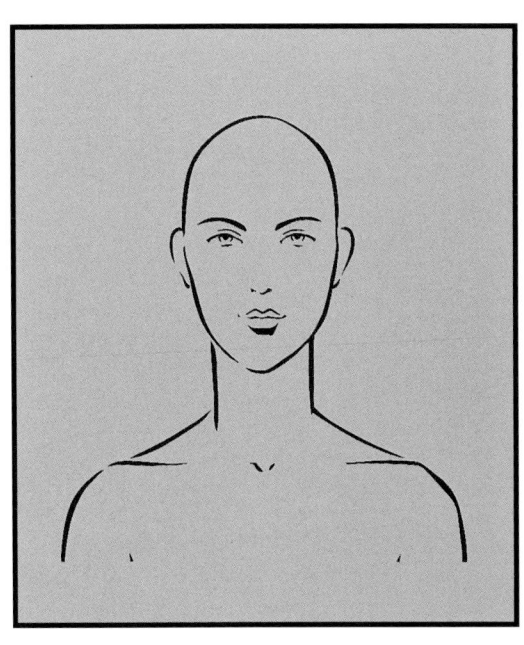
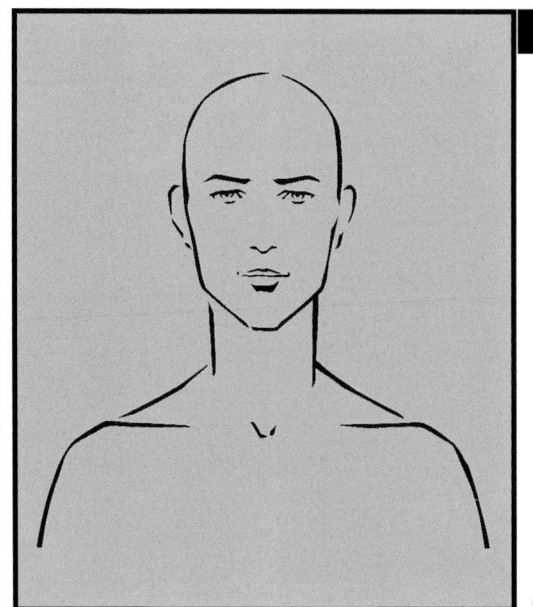

oval

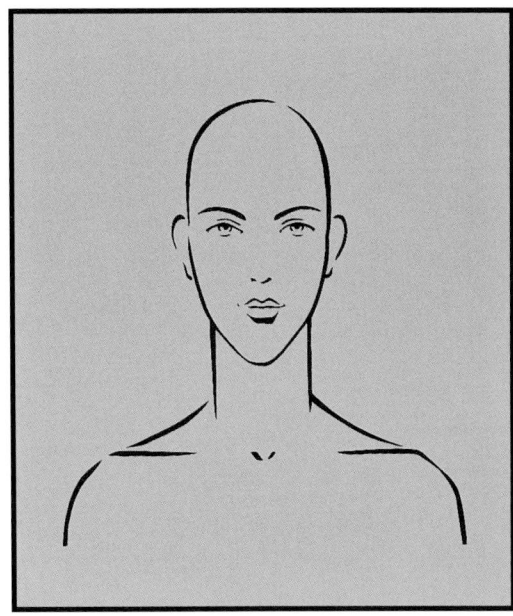
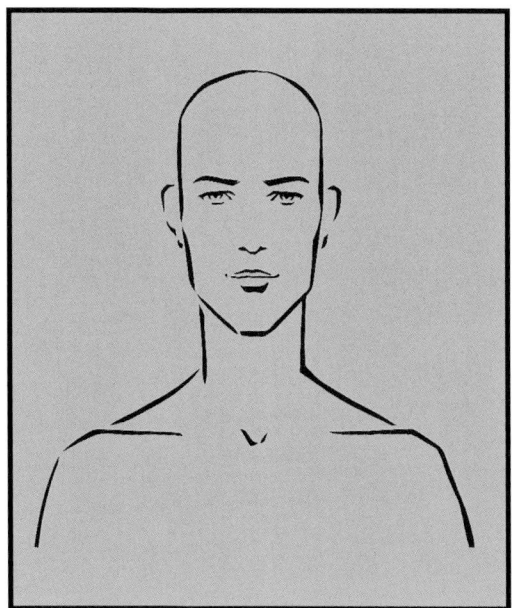

lang

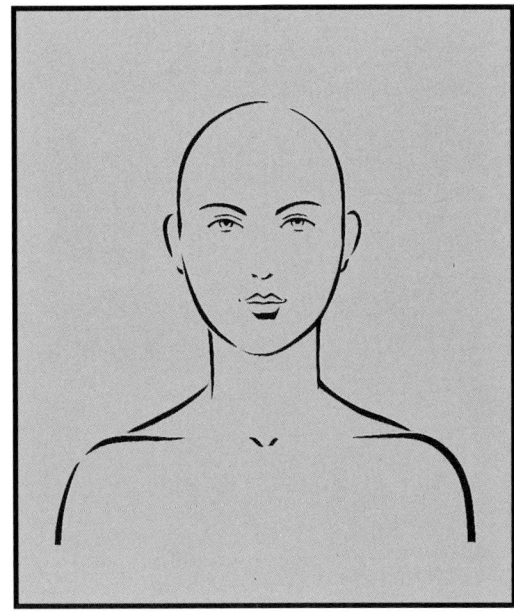
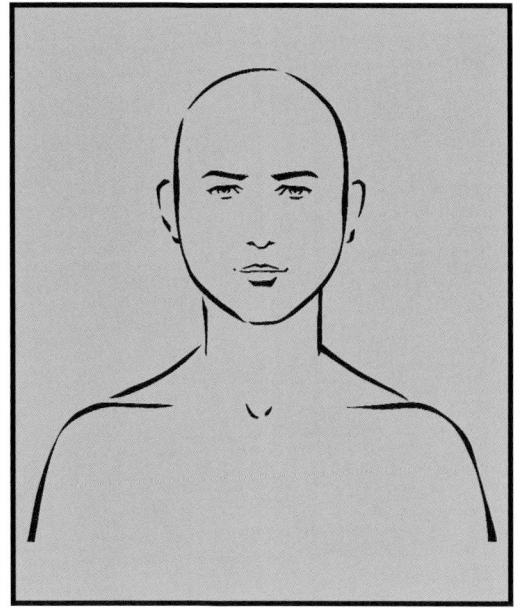

rund

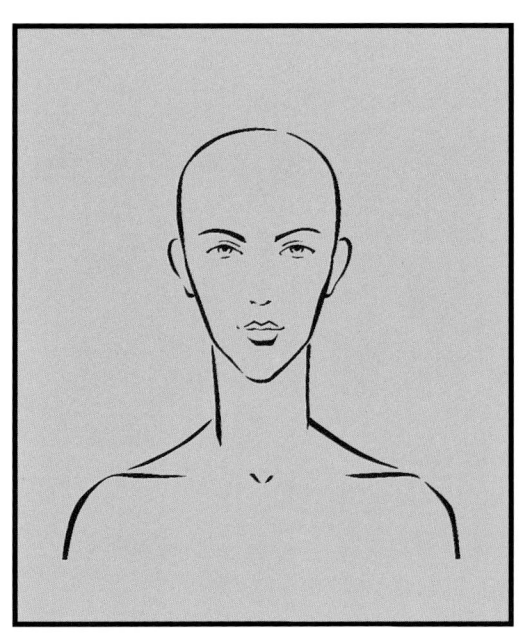
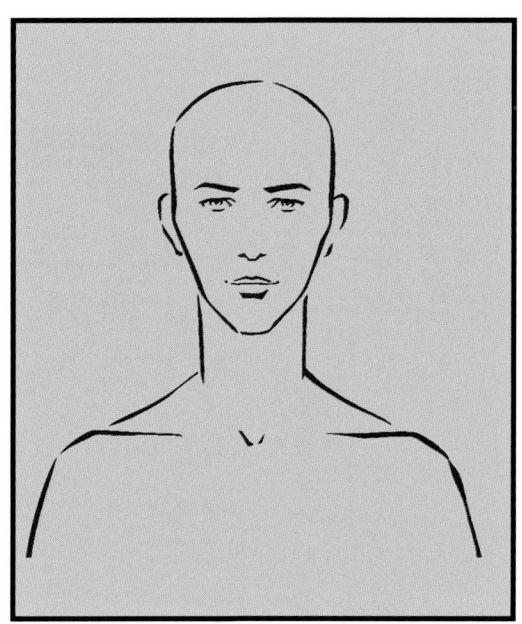

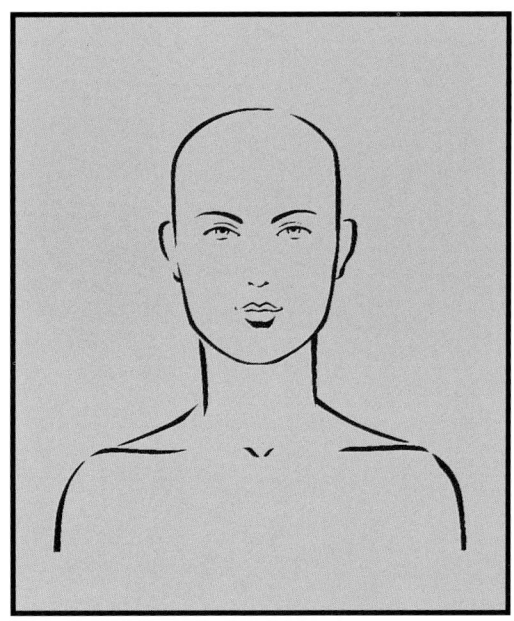
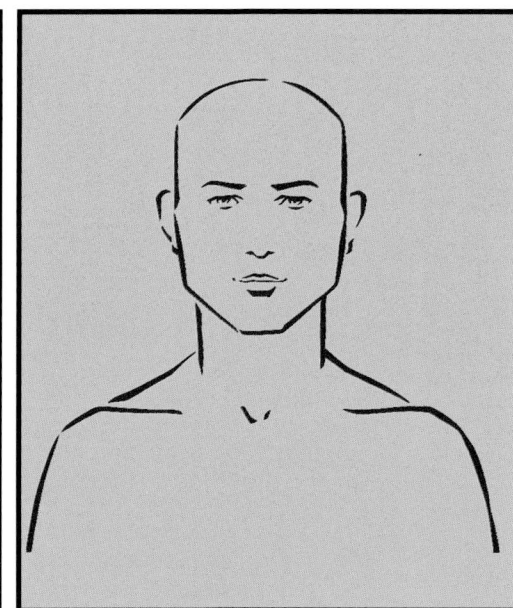

viereckig

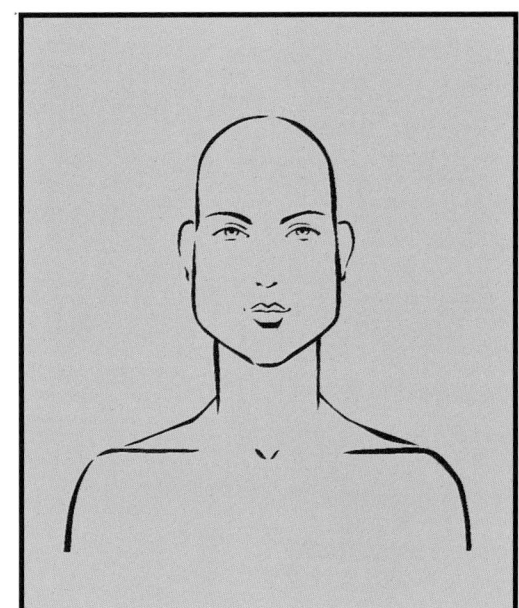
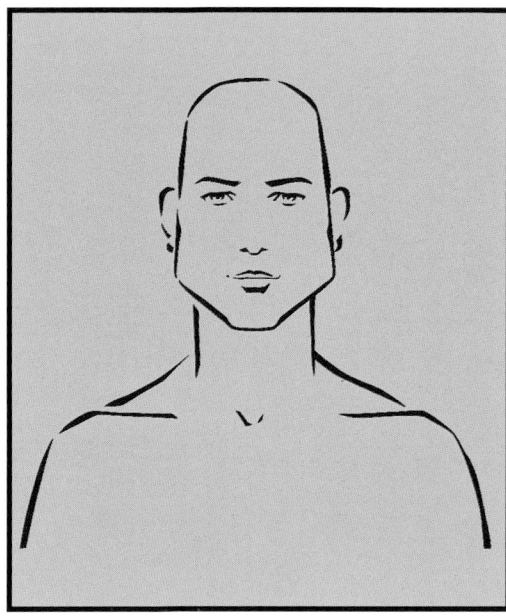

trapezförmig

84

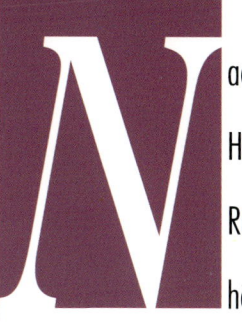ach der Einschätzung der Gesichtsform schauen wir auf die Länge und Breite des Halses. Eventuell ist der Hals am oberen Ende schmal und wird dann in Richtung Rumpf sehr stabil. Dann sollte zum Ausgleich der Ausschnitt oder Kragen etwas höher sein.

Wir betrachten die Schultern: Sind sie schmal, gerade oder abfallend? Bei abfallenden Schultern sind Raglanärmel und tiefe, schmale Ausschnitte ungünstig. Allerdings gleichen Schulterpolster den ungünstigen Eindruck wieder aus.

Beim Rumpf beurteilen wir beim Mann die Größe des Brustkorbes und bei der Frau die Stärke des Busens.

Die optimale Taille sitzt in der Mitte zwischen Achselhöhle und Beinansatz. Die typisch weibliche Figur hat im Vergleich zur männlichen Figur eine deutliche Taille.

Die Hüften sind bei den meisten Frauen nicht so schmal wie bei den Männern.

Die Beinlänge sollte mindestens die Hälfte der Gesamtkörperlänge ausmachen. Zum Ausmessen der Beinlänge gibt es einen kleinen Trick. Derjenige, dessen Beinlänge gemessen wird, stellt das eine Bein auf die Zehenspitze. Es entsteht in der Höhe des Beingelenks im Stoff des Rockes oder der Hose eine Falte. Dort wird außen am Bein das Maßband angehalten, das Bein wird dann gerade hingestellt und bis zur Fußsohle gemessen.

Bei Frauen schauen wir zusätzlich auf die Proportion der Beine.

Die optimale Armlänge bei Frauen und Männern erkennt man so: Die Handknöchel müssen bei herunterhängenden Armen in Schritthöhe sein. Allerdings verändert sich bei besonders langem oder kurzem Rumpf die Relation. Ein Mensch mit auffallend kurzen Armen wird sein Problem kennen, denn bei Konfektionskleidung werden die Ärmel immer gekürzt werden müssen.

Sind die Arme stark oder schlank, sind die Handgelenke schmal?

Nun schauen Sie sich die Proportionen im Profil an. Sie beginnen wieder am Kopf und achten auf Stirn, Nase, Kinn und auf die Partie unter dem Kinn, um ein eventuelles Doppelkinn auszumachen. Wir erfassen die Form des Hinterkopfes, des Nackens, des Rückens, und fragen uns, gibt es einen Rundrücken, ein Hohlkreuz? Wie ist Ihre Haltung? Sind Po, Brust, Busen oder Bauch ausgeprägt?

Bei der Betrachtung der Figur von hinten ist das Verhältnis der Schulterbreite zur Hüftbreite einzuschätzen. Früher empfand man 1-2 cm mehr Schulter- als Hüftbreite bei Frauen als günstig, bei Männern 2-3 cm mehr Schulter- als Hüftbreite. Das hat sich verändert. Optimal ist bei Frauen eine um mindestens 3 cm größere Schulterbreite und bei Männern 5 cm mehr Schulter- als Hüftbreite.

Je nachdem sind Schulterpolster oder wattierte Schultern wichtig. Unbedingt berücksichtigt werden muß, ob ein Rundrücken oder nach vorne fallende Schultern zu erkennen sind. Dann könnten beim Vermessen vielleicht genügend Zentimeter herauskommen, und doch verlangt die Rundung gerade nach Polsterung zum Ausgleich.

Wirken Frauen und Männer um die Schultern zu schmal, machen wattierte Schultern oder Schulterpolster die Figur stabiler. Der Eindruck breiterer Schultern kann auch durch einen anderen Trick, nämlich die richtige Plazierung der Knöpfe an Blazer oder Sakko, bewirkt werden. Werden bei einem Doppelreiher die Knöpfe in einem schmalen und von unten bis oben gleichmäßigen Abstand gesetzt, wirkt der Oberkörper schmaler. Wenn die oberen Knöpfe weiter auseinandersitzen als die unteren, wirken die Schultern optisch breiter.

Auch kräftige Oberschenkel, dicker Po oder Bauch und starke Hüften fallen weniger auf, wenn die Schultern betont werden. Allerdings wären bei kurzer Figur sehr ausgeprägte Schultern zu wuchtig.

Soll die Figur ins rechte Licht gesetzt werden, machen Sie sich einige Erkenntnisse zur optischen Ablenkung bewußt.

Steppnähte, Applikationen, Accessoires und Schmuck ziehen den Blick auf sich und sollten nicht an einer ungünstigen Körperpartie plaziert sein. Es lohnt sich, z. B. mit Gürtel, Einstecktuch, Brosche oder Krawattennadel zu experimentieren, vielleicht mit dem Ergebnis, auf alles zu verzichten. Generell kann ein Zuviel an Accessoires und Schmuck überladen aussehen und den Blick des vis-à-vis „irritieren".

Eine bestimmte Schnittführung kann mit Nähten oder auch durch Fortlassen der Nähte die Figur optisch verbreitern oder schmälern. Ein Rock mit senkrechter Linienführung einzelner Bahnen macht eine starke Figur schlanker im Vergleich zu einem Rock ohne diese Aufteilung.

Bei einer fülligen Figur sollten unbedingt die Erkenntnisse der Wirkung von Farbhöhe oder -tiefe mit einbezogen werden. Generell läßt „hell" hervortreten und „dunkel" zurücktreten. Auch Glanz wirkt betonend und hervortretend.

Werden helle und dunkle Kleidungsstücke gemeinsam getragen, sollte die hellere Farbe für den oberen Bereich gewählt werden, denn der Blick des vis-à-vis wird von hellen Tönen angezogen und auf das Gesicht gelenkt. Bei einer Kombination von gemusterten und unifarbenen Kleidungsstücken wird der Blick automatisch vom Muster angezogen.

OPTISCHE REGELN

hell:
läßt hervortreten

dunkel:
läßt zurücktreten

hell + dunkel:
helles Kleidungsstück oben,
da der Blick auf das Helle gelenkt wird

Uni + Muster:
Muster oben,
da der Blick auf das Muster gelenkt wird

OVAL

Diese Gesichtsform
erscheint uns ideal und
bietet somit
alle Möglichkeiten.

PAUSBACKEN KANN MAN WEGMOGELN

LANG

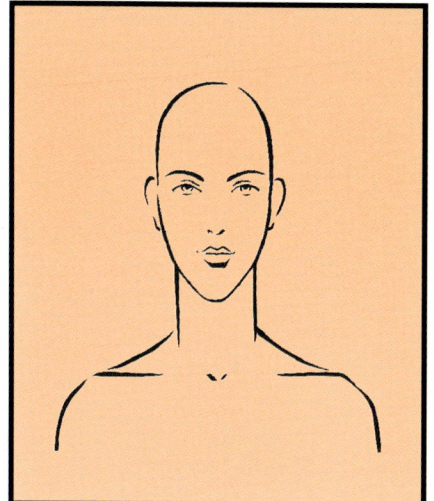  

UNGÜNSTIG   **GÜNSTIG**

Frisur:
Oberkopfbetonung
Mittelscheitel
lange, glatte Haare

Frisur:
Pony, bauschige Frisur
Länge:
Mitte der Wangenpartie, halblang
flacher Oberkopf
tiefer Seitenscheitel
auch kurzer Haarschnitt

Brille:
hoch angesetzter Steg
in der Breite schmaler Steg
hoch angesetzte Bügel

Brille:
runde Form - breite Form
breiter Steg
tiefe Bügel
tiefer Steg

Halsausschnitt,
Kragenform:
V-Ausschnitt, vor allem reverslos
lange, spitze Kragenecken
lange Revers

Halsausschnitt,
Kragenform:
runder Ausschnitt - U-Boot-Ausschnitt
halbrunder Halsausschnitt
weiter Rollkragen - Schildkrötkragen
Stehkragen - runde Kragenecken
kurze Kragenform - kurze Revers
Haifischkragen - Halstuch

Schmuck:
lange Kette mit Anhänger,
so daß sich ein V bildet
langes Ohrgehänge

Schmuck:
runde Clips oder Stecker
dicke Clips oder Stecker
Creolen - kurze Kette
Halsband - dicke Perlen

RUND

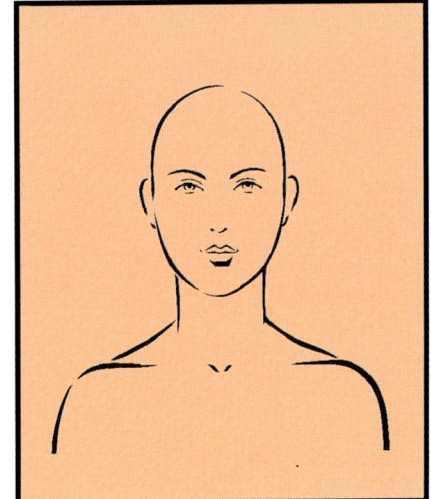  

UNGÜNSTIG	GÜNSTIG
Frisur: voller Pony tiefer Seitenscheitel seitlich gebauschte Frisur Rundschnitt „Bob" Locken	**Frisur:** Oberkopfbetonung schmale Seiten asymmetrische Frisur Mittelscheitel hoher Seitenscheitel kein Scheitel
Brille: runde Form breiter Steg tiefe Bügel	**Brille:** Katzenform eckige Form enger Steg dünne Bügel
Halsausschnitt, Kragenform: runder, enger Halsausschnitt enger Rollkragen Schildkrötkragen U-Boot-Ausschnitt runde Kragenecken oder Bubikragen Haifischkragen	**Halsausschnitt, Kragenform:** V-Ausschnitt reversloser Ausschnitt halsferner Ausschnitt lange Revers spitze Kragenecken
Schmuck: große, runde Clips - Creolen Halsband - enge Halskette dicke runde Kugeln	**Schmuck:** schmale Clips oder Stecker kantige Formen halsferne oder lange Kette

DREIECKIG

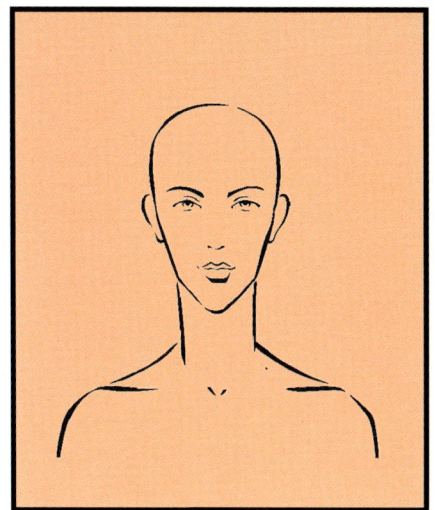  

UNGÜNSTIG

Frisur:
breite, große Oberkopfbetonung
tiefer Seitenscheitel
seitliche Betonung des Oberkopfes

Brille:
breiter Steg
seitliche Betonung der Brille
ausgeprägte Katzenform

Halsausschnitt,
Kragenform:
V-Ausschnitt, vor allem reverslos
spitze Kragenecken

Schmuck:
Betonung der Ohrmuschel
durch mehrere Ohrstecker
lange Kette mit Anhänger,
so daß sich ein V bildet

GÜNSTIG

Frisur:
Haare vom Oberkopf ins Gesicht frisiert
Nackenhaare nach außen frisiert
hoher Seitenscheitel
in Kinnhöhe volle Außenbetonung

Brille:
rund
kleines Gestell
enger Steg

Halsausschnitt,
Kragenform:
runde Kragenecken
Bubikragen
Schildkrötkragen
U-Boot-Ausschnitt
runder Ausschnitt
Haifischkragen

Schmuck:
größere Creolen

VIERECKIG

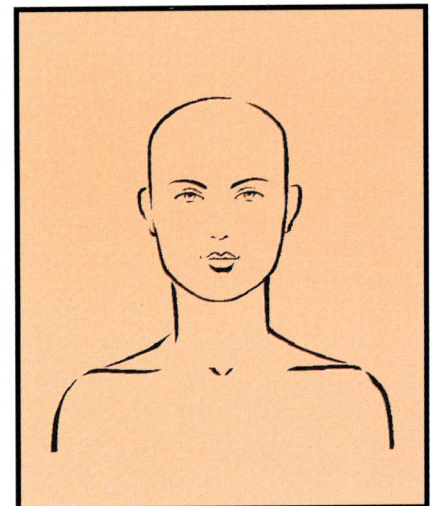

UNGÜNSTIG	**GÜNSTIG**
Frisur: gerader Pony gerade Schnitte Pagenkopf	Frisur: Locken weiche Frisur fransige Frisur
Brille: viereckiger Rahmen	Brille: runde Form Tropfenform ovale Form
Halsausschnitt, Kragenform: viereckiger Halsausschnitt U-Boot-Ausschnitt breiter kurzer Kragen Haifischkragen Schildkrötkragen	Halsausschnitt, Kragenform: rund V-Ausschnitt weiter Rollkragen runde Kragenecken oder Bubikragen
Schmuck: Halsband viereckige Formen und Elemente bei Ohrschmuck und Ketten	Schmuck: runde Form weiche Form

TRAPEZ FÖR MIG

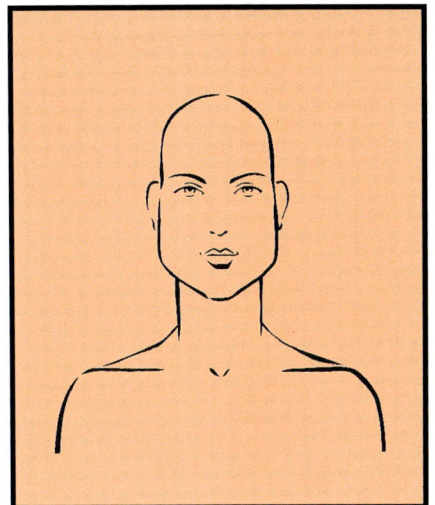

UNGÜNSTIG

Frisur:
Mittelscheitel
kleiner Oberkopf

Brille:
kleine Brille
enger Steg
rechteckige Form
starke Betonung des
unteren Brillenrandes
tief angesetzte Bügel

Halsausschnitt,
Kragenform:
U-Boot-Ausschnitt
Schildkrötkragen
viereckiger Ausschnitt
enger, hoher Rollkragen
kurze, breite Kragenecken
kurzes Revers
Haifischkragen

Schmuck:
trapezförmiges Ohrgehänge
große Ohrstecker oder Clips
Halsband
kurze Halskette

GÜNSTIG

Frisur:
Oberkopf bauschig
tiefer Seitenscheitel
im Wangenbereich schmaler und ins
Gesicht frisiert

Brille:
Katzenform
oberer Rand betont,
unterer transparent
breiter Steg

Halsausschnitt,
Kragenform:
V-Ausschnitt
halsferner Ausschnitt
langes Revers

Schmuck:
kleine Stecker oder Clips
halsferne oder lange Halskette

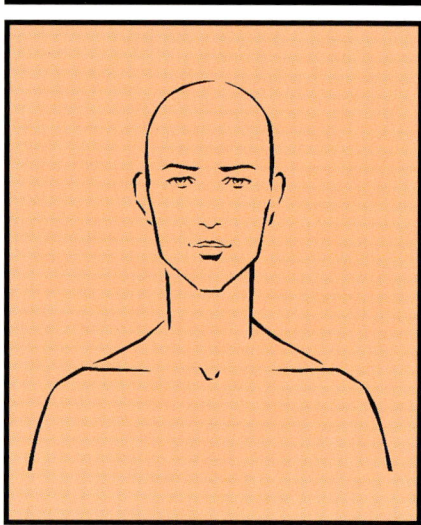

OVAL

Diese Gesichtsform
erscheint uns ideal und
bietet somit
alle Möglichkeiten.

KLEINE TRICKS
MIT BRILLE (UND BART)

LANG

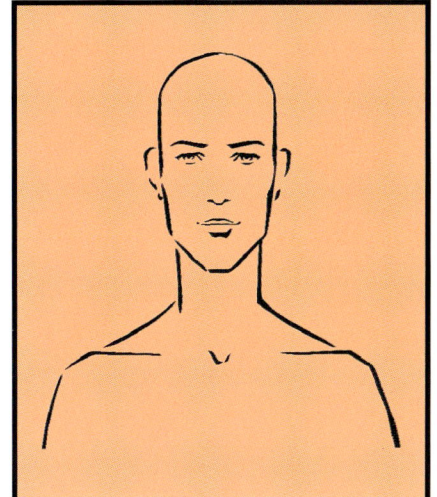

UNGÜNSTIG   **GÜNSTIG**

Frisur:
Mittelscheitel
Oberkopfbetonung
lange, glatte Haare

Frisur:
Strähnen im Gesicht
tiefer Seitenscheitel
bauschige Frisur
flacher Oberkopf

Bart:
enger Oberlippenbart

Bart:
breiter Oberlippenbart

Brille:
hoher Steg
in der Breite schmaler Steg
hoch angesetzte Bügel

Brille:
runde Form
breite Form
breiter Steg
tiefer Steg
tiefe Bügel

Halsausschnitt,
Kragenform:
lange, spitze Kragenecken
V-Ausschnitt
langes Revers
betont schmale Krawatte

Halsausschnitt,
Kragenform:
runde Kragenecken
Kentkragen
Stehkragen
Kragen mit Tab oder Nadel
ovaler Ausschnitt
runder Ausschnitt
kleines Revers

RUND

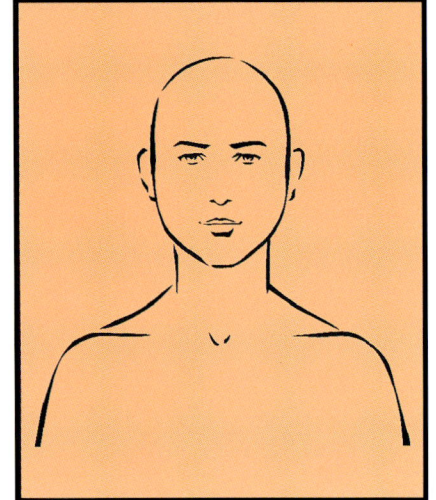  

UNGÜNSTIG	**GÜNSTIG**
Frisur: Pony Haare ins Gesicht gekämmt tiefer Seitenscheitel Locken	Frisur: Haare aus dem Gesicht gekämmt keine Seitenbetonung hoher Seitenscheitel kein Scheitel
Bart: kleiner Oberlippenbart rund geschnittene Form	Bart: kantig gestutzter Bart Vollbart längere Koteletten
Brille: runde Form breiter Steg tief angesetzte Bügel	Brille: viereckige Form kantige Form enger Steg
Halsausschnitt, Kragenform: runde Kragenecken Kentkragen U-Boot-Ausschnitt runder, enger Ausschnitt	Halsausschnitt, Kragenform: spitze Kragenecken V-Ausschnitt langes Revers

DREIECKIG

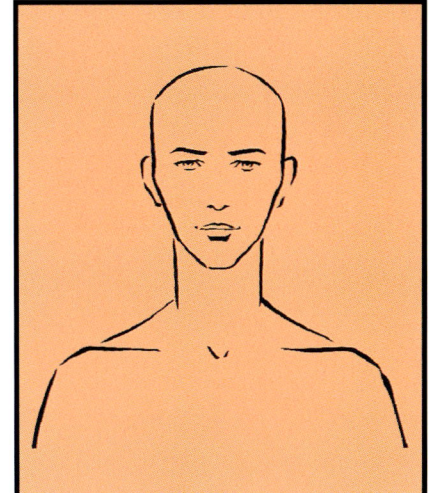

UNGÜNSTIG **GÜNSTIG**

Frisur:
tiefer Seitenscheitel
seitliche Kopfbetonung
(bauschige Frisur)
lange Koteletten, die
als Backenbart enden
keine Koteletten

Bart:
schmaler Oberlippenbart
Backenbart ohne Kinnbart
spitzer Kinnbart

Brille:
breiter Steg
seitliche Betonung der Brille
breite, tiefe Bügel

Halsausschnitt,
Kragenform:
lange, spitze Kragenecken
V-Ausschnitt

Frisur:
hoher Seitenscheitel
ohne Scheitel
schmaler Oberkopf

Bart:
breiter Oberlippenbart
breiter Kinnbart

Brille:
rund
kleines Gestell
enger Steg

Halsausschnitt,
Kragenform:
runde Kragenecken
Kentkragen
U-Boot-Ausschnitt
runder Ausschnitt

VIERECKIG

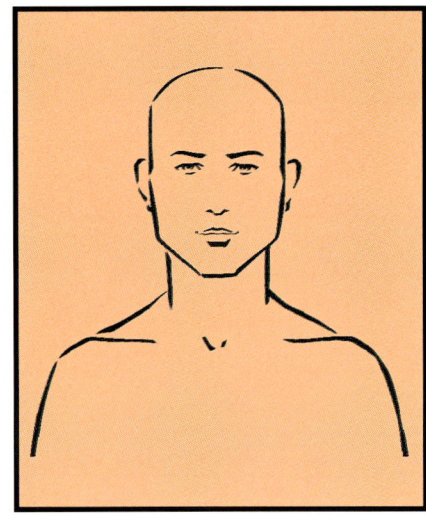

Bei einem Mann
wird ein kantiges Gesicht
häufig günstig beurteilt.
Insofern müßten Sie nicht
nach einem Ausgleich
dieser Gesichtsform suchen.
Die folgenden Punkte
unter ungünstig und günstig
sind demnach nicht so relevant
wie bei anderen Gesichts-
formen.

UNGÜNSTIG

Frisur:
gerader Schnitt

Bart:
strenge Linie des
Oberlippenbartes

Brille:
viereckiger Rahmen

Halsausschnitt,
Kragenform:
nichts ist ungünstig
bei extrem viereckiger
Gesichtsform
ist ein viereckiger Ausschnitt
bei Pullovern ungünstig

GÜNSTIG

Frisur:
lockige Frisur
weiche Frisur
fransiger Schnitt

Bart:
alle Möglichkeiten,
weil ein kantiges Gesicht
auch betont werden könnte

Brille:
ovale oder runde Form
Tropfenform

Halsausschnitt,
Kragenform:
jeder,
besonders runde
Kragenecken

TRAPEZ FÖR MIG

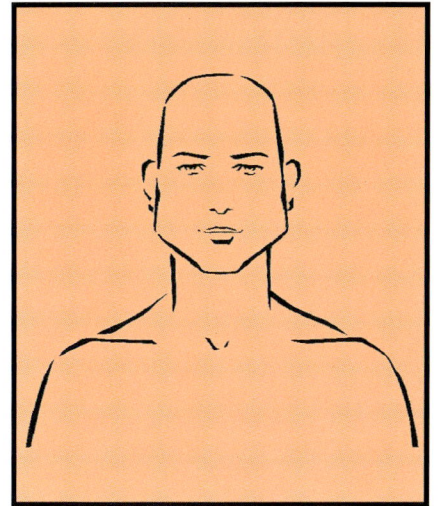 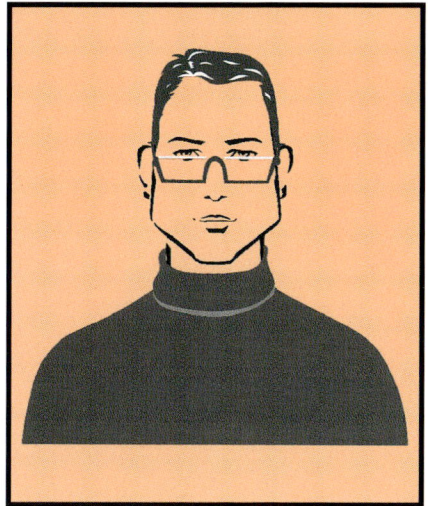 

UNGÜNSTIG **GÜNSTIG**

Frisur:
hoher Seitenscheitel
Haare eng am Kopf frisiert
keine Koteletten
hoch ausrasierte Seiten

Bart:
breiter Oberlippenbart
aufgedrehter Schnurrbart

Brille:
kleine Brille
betont rechteckige Form
starke Betonung des
unteren Brillenrandes
enger Steg

Halsausschnitt,
Kragenform:
Kentkragen
runde Kragenecken
U-Boot-Ausschnitt
kurzes Revers
Rollkragen
viereckiger Ausschnitt

Frisur:
Oberkopf bauschig
tiefer Seitenscheitel
(allerdings bei Glatze
nicht die Haare darüber frisieren)

Bart:
Vollbart
3-Tage-Bart

Brille:
oberer Rand betont
unterer Rand transparent
breiter Steg

Halsausschnitt,
Kragenform:
V-Ausschnitt
Standardkragen
langes Revers

ZUGEKNÖPFT
UND AUSGESCHNITTEN

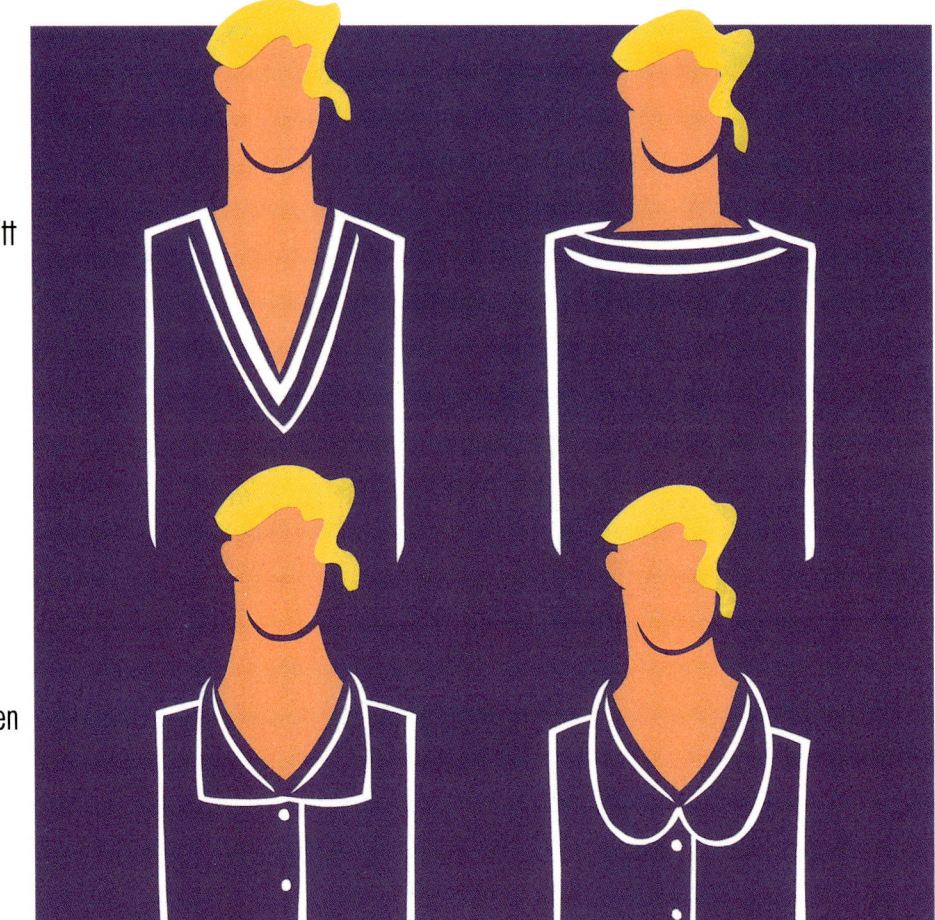

V-Ausschnitt

U-Boot-
Ausschnitt

Haifischkragen

Bubikragen

Turtleneck

Schildkröt-
kragen

Standardkragen

Button-down-
Kragen

Kentkragen

Rundkragen

Tabkragen

Spitzkragen

LANG KURZ DICK DÜNN:

FÜR JEDES PROBLEM GIBT ES EINE LÖSUNG

LANGE FIGUR

LANGER HALS

UNGÜNSTIG

V-Ausschnitt, vor allem reverslos und alleine getragen, lange spitze Kragenecken

GÜNSTIG

kurze Kette, dicker Rollkragen, weiter Rollkragen, U-Boot-Ausschnitt, Stehkragen, Schildkrötkragen, Halstuch, halbrunder Halsausschnitt, runde Kragenecken

LANGE ARME

UNGÜNSTIG

hohe Schulterpolster, Raglan, lange schmale Ärmel, Ärmel, die auf dem Handrücken spitz zulaufen

GÜNSTIG

überschnittene Ärmel, halber und 3/4 Ärmel, weite Ärmel, Trompetenärmel, Kimonoärmel, Fledermausärmel, breiter Armschmuck, große Uhr, breites Bündchen, lange Manschetten, viele Knöpfe, aufgekrempelt, querlaufende Streifen beim Muster, farbige Unterbrechungen, lange Handschuhe (Stulpen)

LANGER RUMPF

UNGÜNSTIG

schlichte, lange Jacken

GÜNSTIG

bauschige, blusige Form, breite Gürtel, Nähte, Passen, Knöpfe, Applikationen, Taschen, Falten, Kragen, Einstecktuch, große Ketten, Westen, Bolero, doppelreihig, große Accessoires, z. B. Brosche, taillenkurze Jacke, hohes Bündchen, Querstreifen

FAUSTREGEL

★ Je länger der Mensch
oder ein Körperteil,
desto mehr darf
unterbrochen werden
(große Körpergröße
bei Männern ab 1,82 m,
bei Frauen ab 1,72 m).

Generell ungünstig:
★ betont
lange, schmale
Schnitt-
oder Linienführung

Generell günstig:
★ Stoff- und Mustermix
★ gekräuselte
und bauschige Linie
★ Gürtel
★ Steppnähte quer
★ aufgenähte Taschen
★ doppelreihig geknöpft
★ großer Schmuck
★ große Kragen
★ Falten
★ große Muster und
Stoffvolumen

LANGER OBERKÖRPER

UNGÜNSTIG
tief angesetzte Taille, Stil der 20er Jahre, Sattel spitz zulaufend, Gürtel in der Farbe des Oberteils, Gürtel lässig auf den Hüften liegend, Hüftrock

GÜNSTIG
hochangesetzte Taille, Empire, Gürtel in der Farbe des Rocks oder der Hose, breites Bündchen, kurze Weste

LANGE BEINE

UNGÜNSTIG
lange Beine können nach derzeitiger Idealfigur kaum zu lang sein; bei extrem langen Beinen und extrem kurzer Jacke mit streckender Linienführung der Hose könnte der Eindruck entstehen, man ginge auf Stelzen

GÜNSTIG
Aufschläge, breites Hosenbein, ausgestelltes Hosenbein, 3/4 Hose, Pluderhose, Radlerhose, Bermudas, Caprihose, auch festes Material, Hüftrock (auf Rumpf- und Taillenbeginn achten!), Knickerbocker, lange Jacke, halbhohe Stiefel, hochgeschlossene Schuhe zum Rock

LANGE FÜSSE

UNGÜNSTIG
spitze Schuhe, hoher, schlichter Spann, ausgesprochen stark ausgeschnitten

GÜNSTIG
Nähte, Dekoration am Schuh, leicht ausgeschnittene oder zweifarbige Schuhe, z. B. dunklere Spitze

KURZE ODER GEDRUNGENE FIGUR

KURZER HALS **UNGÜNSTIG**
Stehkragen, Rollkragen, Halsband, kurze Halskette, Bubikragen, Halstuch, Schulterklappen

GÜNSTIG
V-Ausschnitt, reverslos oder langes Revers, lange Ketten, großer Ausschnitt, halsfern, spitze Kragenecken, Frisur im Nacken schmal

KURZE ARME **UNGÜNSTIG**
überschnittene Schulter, Puffärmel, kurzer Ärmel, halber oder 3/4 Ärmel, hochgeschoppt, aufgekrempelt, Fledermausärmel, Kimonoärmel, Trompetenärmel, lange Manschetten, Applikationen, viele Knöpfe, Querstreifen, lange Handschuhe

GÜNSTIG
Raglanärmel, eingesetzte Ärmel, Schulterpolster, lange, schmale Ärmel, Ärmel, die auf dem Handrücken spitz zulaufen, schmaler Armreifen, stehender gekräuselter Ärmelansatz, schmale Uhr, kurze Manschetten, Längsstreifen, kurze Handschuhe

KURZER RUMPF **UNGÜNSTIG**
Blouson, Jacken mit querlaufenden Nähten oder Applikationen, Fledermausärmel, Kimonoärmel, Trompetenärmel, reiche Dekoration, großes Einstecktuch, viele Ketten, lange Ketten, breite Gürtel, hohes Rock- oder Hosenbündchen

GÜNSTIG
fließende Stoffe, keine Betonung durch Gürtel, Steppnähte etc., einreihig geknöpft oder verdeckte Knopfleiste, lange schmale Revers, schlichte Schnittführung mit Stehkragen, kleines Rock- oder Hosenbündchen, langgestreckte Taille mit schmaler Linienführung, spitzer Sattel, Hüftrock

KURZE ODER GEDRUNGENE FIGUR

FAUSTREGEL

★ Je kürzer oder gedrungener der Mensch oder ein Körperteil, desto weniger darf unterbrochen werden (kleine Körpergröße bei Männern unter 1,72 m, bei Frauen unter 1,65 m).

Generell ungünstig:

★ viele Unterbrechungen
★ Stoff-, Farb- und Mustermix
★ dicke Stoffe
★ sehr lange Haare

Generell günstig:

★ Strümpfe, Schuhe, Hose bzw. Rock Ton in Ton
★ dünne Stoffe und zurückhaltende Muster
★ feinmaschige Pullover
★ schmale und lange Kleidung
★ Hose ohne Aufschläge
★ höhere Schuhe

KURZER OBERKÖRPER

UNGÜNSTIG

hoch angesetzte Taille, Empire-Stil, Bolero, kurze Weste, breites, hohes Bündchen oder Gürtel, z. B. Corsagengürtel, Gürtel in gleicher Farbe der Hose oder des Rockes

GÜNSTIG

tief angesetzte Taille, z. B. Stil der 20er Jahre, Gürtel in der Farbe des Oberteils, spitzer Sattel, Gürtel, der lässig auf den Hüften getragen wird, Hüftrock

KURZE BEINE

UNGÜNSTIG

ausgestelltes Hosenbein, weites Hosenbein, vor allem aus schwerem Stoff, Karottenhose, Caprihose, Knickerbocker, Kniebundhose, lange Jacken, Hosenaufschläge, flache Schuhe, Schuhe mit hohem Spann zum Rock, Strümpfe, Schuhe und Rock in unterschiedlichen Farben, halbhohe Stiefel

GÜNSTIG

schmales Hosenbein, fließender Stoff, lange Schnittführung, kurze Jacken, Strümpfe und Schuhe, Ton in Ton zu Hose bzw. Rock, ausgeschnittene Schuhe, Schuhe mit hohem Absatz

DICKE ODER VOLLSCHLANKE FIGUR

Generell ungünstig:

★ lange, offene Haare
★ Locken
★ transparente Stoffe, denn die Figur würde durchscheinen
★ auffällig riesige Muster oder auffälliges und kleines Muster
★ helle, glänzende Stoffe
★ dicke Pullover
★ dicker Stoff, grobe Stoffstruktur
★ Pfennigabsätze
★ Mini, Ballonrock, Tulpenrock
★ hautenge Kleidung
★ Gürtel; bei bestimmten dicken Körperpartien, z. B. Bauch oder Po, sollte auch das Nachbarkörperteil nicht betont werden (durch Gürtel, Taschen und Falten)

Beispiel:

★ schlanke Taille und dicker Bauch
★ Betonung der Taille (ist bei weitem Rock möglich, aber nicht bei engem Rock)
★ auffälliger Stoff- und Mustermix
★ Rucksack
★ großer runder oder dicker Beutel
★ viele Bundfalten
★ ausgestelltes Hosenbein
★ Marlene-Dietrich-Hose (weites Hosenbein mit Aufschlag)
★ stark gekräuselte und geraffte Kleidungsstücke
★ bauschige Schnitte
★ Bolero, kurze Halskette
★ Kleider, Hosen, Röcke aus Strickmaterial oder Jersey

DICKER HALS

UNGÜNSTIG
halblange Haare, nach außen frisiert, Halsband, zu kleines Halstuch, Bubikragen, kleine kurze Revers, kurze Halskette, enger runder Ausschnitt, viereckiger Ausschnitt, Schulterklappen

GÜNSTIG
aufgestellter Kragen (durch Schattenwirkung wird der Hals optisch schlanker), höherer, lockerer Stehkragen, ist der Hals am unteren Ende breiter, sollte der Ausschnitt etwas höher sein

DICKE ARME

UNGÜNSTIG
Trompetenärmel, kurze enge Ärmel, Puffärmel, ärmellos, Applikationen, zarte Uhr, zarter Schmuck

GÜNSTIG
fließender und gut fallender Stoff, schmale, aber nicht enge Linie, Uhr und Schmuck nicht zu zierlich

DICKER RUMPF

UNGÜNSTIG
enge Kleidung, Gürtel, Falten, Betonung der Hüfte oder Taille, z. B. durch aufgenähte Taschen oder Accessoires, Vorsicht mit glänzendem Stoff

GÜNSTIG
von dieser Körperpartie ablenken durch Kaschierung mit zurückhaltenden Mustern und gerader Schnittführung; auf die Schulterbreite sollten Sie bewußt schauen, hier eventuell mit Schulterpolstern betonen, lange Revers, langes Oberteil

DICKE ODER VOLLSCHLANKE FIGUR

FAUSTREGEL

★ Je dicker der Mensch oder ein Körperteil, desto fließender sollte die Silhouette sein.

Generell günstig:

★ kurze Haare, aber Vorsicht bei zu kleinem Kopf
★ zurückhaltende Muster
★ fließende Stoffe
★ feinmaschige Pullover
★ Ton in Ton
★ betonen, was günstig oder schmal ist, z. B. Dekolleté, wenn die Haut glatt ist; Unterarme oder dünne Beine
★ 5-cm-Blockabsatz
★ große Schmuckteile und Accessoires
★ lässiger Schnitt
★ Schulterpolster bei schmalem Oberkörper
★ bei längeren Beinen langen Blazer wählen
★ bei kurzen Beinen Blazer unter der Taille enden lassen
★ senkrechte Linien
★ längere Kleidung

STARKER BUSEN

UNGÜNSTIG

zu kleines Körbchen, horizontale Streifen, Applikationen, Taschen in Brusthöhe, sehr enge Kleidungsstücke, Einstecktuch, zuviel Stoff, breite Gürtel, halber Ärmel, der in Brusthöhe endet, Empirestil, lange Ketten, Broschen in Brusthöhe

GÜNSTIG

offener Kragen, kurze Ärmel sollten entweder ober- oder unterhalb des Busens enden, locker fallende Schnitte

DICKE BEINE

UNGÜNSTIG

Mini, enge Hosen, Leggings, weiße Strümpfe, gemusterte Strümpfe, glänzende Materialien, bei starken Fesseln nicht gerade nur diesen Teil des Beines zeigen, z. B. mit knöchelkurzen Hosen, kurze Stiefel oder Stiefeletten zum Rock

GÜNSTIG

hierbei ist zu bedenken, in welchem Bereich die Beine dick sind; die Rock- und Kleiderlänge nicht am dicksten Punkt enden lassen; dunkle Strümpfe, lange Hosen, Stiefel, Schuhe und Strümpfe auf die andere Kleidung Ton in Ton abstimmen

DÜNNE
ODER DÜRRE
FIGUR

DÜNNER HALS **UNGÜNSTIG**
V-Ausschnitt, reversloser Ausschnitt, lange, spitze Kragenecken

GÜNSTIG
U-Boot-Ausschnitt, runder Halsausschnitt, viereckiger Ausschnitt, runde Kragenecken, breite kurze Kragenecken, Haifischkragen, Schildkrötkragen, kurze Halskette

DÜNNE ARME **UNGÜNSTIG**
die Arme können selten zu dünn sein, das Gegenteil kommt häufiger vor; sind die Arme tatsächlich zu dünn, ist ärmellos ungünstig, ein weiter oder langer Ärmel genauso unvorteilhaft wie ein hautenger Ärmel

GÜNSTIG
dicke Stoffe, bauschige Ärmel, 3/4 Ärmel, Applikationen

DÜNNER RUMPF **UNGÜNSTIG**
hautenge T-Shirts, schlichte enge Oberteile

GÜNSTIG
die auf der gegenüberliegenden Seite aufgeführten Empfehlungen gelten für diese Körperregion; Schulterpolster, doppelreihiger Blazer, bei dem die oberen Knöpfe weiter auseinander plaziert sind als die unteren, Falten, Kräuselungen, Gürtel

DÜNNE ODER DÜRRE FIGUR

FAUSTREGEL

 Je dünner der Mensch oder ein Körperteil, desto bauschiger sollte die Silhouette sein.

Generell ungünstig:
 hautenge Kleidung
★ sehr weite, zeltartige Kleidung
★ transparenter Stoff

Generell günstig:
 dickere Stoffe
★ Stoffmix, Mustermix
★ mehrere Kleidungsstücke übereinander tragen
★ kurze Jacken
★ für Unterbrechungen sorgen (Steppnähte, Knöpfe, Revers, Taschen)
 für Volumen sorgen und in Form bringen (durch Gürtel, bauschige Kleidungsstücke, die gerafft und gebunden werden)

SCHMALE SCHULTERN

UNGÜNSTIG
Raglanärmel, Fledermausärmel, tiefer V-Ausschnitt, mit Schulterpolstern wird der schmal erscheinende Effekt dieser Kleidungsvariation allerdings wieder ausgeglichen

GÜNSTIG
Schulterpolster, eingesetzter Ärmel, U-Boot-Ausschnitt

DÜNNE BEINE

UNGÜNSTIG
zu dünne Beine kommen genauso selten vor wie zu dünne Arme; bei diesen Regeln kommt es auf das   an, denn dünne Beine müssen nicht kaschiert werden; bei zu dünnen Beinen oberhalb der Knie ist eine Betonung mit hautengen Hosen genauso ungünstig wie ein viel zu weites Hosenbein

GÜNSTIG
dickes Strickmaterial, Jersey, Wollstrümpfe, Kniestrümpfe, Taschen auf dem Hosenbein, Pluderhose, Karottenform, Mustermix, helle Farben, glänzendes Material; die Rocklänge kann in diesem Fall sogar am stärksten Punkt des Beines (Mitte Wade) enden

DER RICHTIGE ANZUG MACHT MEHR AUS DEM MANN

LANGE FIGUR

LANGER HALS **UNGÜNSTIG**
lange spitze Kragenecken, sehr schmale Krawatte, sehr schmaler oder sehr dicker Krawattenknoten

GÜNSTIG
dicker Rollkragen, Schildkrötkragen, U-Boot-Ausschnitt, Stehkragen, Halstuch, halbrunder Halsausschnitt, runde Kragenecken, hochangesetzter Standardkragen, aufgestellte Kragen, längere Nackenhaare

LANGE ARME **UNGÜNSTIG**
Raglan

GÜNSTIG
überschnittene Ärmel, kurze Ärmel, weite Ärmel, große Uhr, breites Bündchen, lange Manschetten, viele Knöpfe, aufgekrempelt, querlaufende Streifen beim Muster

LANGER RUMPF **UNGÜNSTIG**
ausgesprochen langes Revers, Fliege, Einreiher, extrem schmale Krawatte

GÜNSTIG
Schulterbetonung, bauschige, blusige Form, z. B. Blouson, Nähte, Passen, Knöpfe, Taschen, Falten, Weste, Bolero, Doppelreiher, breiter Gürtel, Accessoires, z. B. Einstecktuch

Generell ungünstig:

★ sehr schmale, schlichte
Linienführung

★ Einreiher und eine Hose
ohne Aufschlag

★ Fliege

Generell günstig:

★ Stoff- und Mustermix

★ gekräuselte und
bauschige Linie

★ Gürtel

★ Steppnähte quer

★ aufgenähte Taschen

★ doppelreihig geknöpft

★ großer Kragen

★ Falten

★ große Muster und
Stoffvolumen

★ längeres Sakko oder
Jackett

LANGE BEINE

UNGÜNSTIG

bei langen Beinen kann selten etwas ungünstig werden; bei kurzem Oberteil könnte der Eindruck entstehen, man gehe auf Stelzen, darum kurze Jacken meiden

GÜNSTIG

Aufschläge, breites Hosenbein, ausgestelltes Hosenbein, 3/4 Hose, Pluderhose, Bermudas, auch dickes Material, Hüfthose (auf Rumpf- und Taillenbeginn achten!), Knickerbocker, langes Jackett

LANGE FÜSSE

UNGÜNSTIG

schmale, sehr spitze, schlichte Schuhe, die auf dem Spann hochgeschnitten sind

GÜNSTIG

Nähte, Dekoration am Schuh, z. B. Schnürschuh, weites Hosenbein

KURZE ODER GEDRUNGENE FIGUR

KURZER HALS　**UNGÜNSTIG**
runde Kragenecken, hochangesetzter Kragen, Rollkragen

GÜNSTIG
V-Ausschnitt, reverslos, langes Revers, spitze Kragenecken

KURZE ARME　**UNGÜNSTIG**
überschnittener Ärmeleinsatz, auffällige Manschetten

GÜNSTIG
Raglanärmel, eingesetzte Ärmel, lange, schmale Ärmel, schmale Uhr, kurze Manschetten, Längsstreifen

KURZER RUMPF　**UNGÜNSTIG**
beim Doppelreiher breit auseinandergesetzte Knöpfe, sehr breite Krawatte, auffällige Gürtel, Steppnähte in Querrichtung

GÜNSTIG
fließende Stoffe, einreihig geknöpft oder verdeckte Knopfleiste, lange schmale Revers, schlichte Schnittführung, auch z. B. mit Stehkragen

KURZE ODER GEDRUNGENE FIGUR

FAUSTREGEL

★ Je kürzer oder gedrungener der Mensch oder ein Körperteil, desto weniger darf unterbrochen werden (kleine Körpergröße bei Männern unter 1,72 m, bei Frauen unter 1,65 m).

Generell ungünstig:

★ viele Unterbrechungen
★ dicke Stoffe
★ Stoff-, Farb- und Mustermix

Generell günstig:

★ Ton in Ton (Strumpf, Schuhe, Hose)
★ dünne Stoffe und zurückhaltende Muster
★ feinmaschige Pullover
★ schmale und lange Kleidung
★ Hose ohne Aufschläge (allerdings: bei einem Anzug sind trotz geringer Körpergröße Hosenaufschläge kompletter)

KURZER OBERKÖRPER

UNGÜNSTIG
hoch angesetzte Taille, Bolero, kurze Weste, breiter Gürtel, sehr breite Krawatte

GÜNSTIG
Jackett in klassischer Länge, längerer Pullover

KURZE BEINE

UNGÜNSTIG
weites Hosenbein, Aufschläge, aufgesetzte Taschen, schwere Stoffe, auffällige Muster

GÜNSTIG
schmales Hosenbein, fließender Stoff, lange Schnittführung, kurze Jacken, Socken oder Strümpfe und Schuhe Ton in Ton zur Hose

DICKE ODER VOLLSCHLANKE FIGUR

Generell ungünstig:

★ transparenter Stoff
★ auffällig riesige Muster oder auffälliges und kleines Muster
★ helle, glänzende Stoffe
★ dicke Pullover, dicke Stoffe, grobe Stoffstruktur
★ auffällige Gürtel
★ hautenge Kleidung (bei bestimmten dicken Körperpartien, z. B. Bauch oder Po, sollte auch das Nachbarkörperteil nicht durch Gürtel oder Taschen betont werden)
★ Stoff- und Mustermix
★ viele Bundfalten
★ ausgestelltes Hosenbein
★ stark geraffte und gekräuselte Kleidungsstücke
★ schmale Krawatte

DICKER HALS

UNGÜNSTIG
zu kleines Halstuch, runde Kragenecken, Kentkragen, Fliege, Schleife, sehr dicker oder sehr dünner Krawattenknoten, Schulterklappen

GÜNSTIG
aufgestellter Kragen, Stehkragen, Standardkragen, ist der Hals am unteren Ende breiter, sollte der Ausschnitt höher sein

DICKE ARME

UNGÜNSTIG
transparenter Stoff, ärmellos, kurze, enge Ärmel, Quernähte, Knöpfe usw.

GÜNSTIG
fließender Stoff, schmale, aber nicht enge Linie

DICKER RUMPF

UNGÜNSTIG
enge Kleidung, auffällige Gürtel, Falten, Betonung der Hüfte oder des Bauches, Vorsicht mit glänzendem Stoff oder zu engem Pullover, Blouson

GÜNSTIG
von dieser Körperpartie ablenken durch Kaschierung mit zurückhaltenden Mustern und gerader Schnittführung; auf die Schulterbreite sollten Sie bewußt schauen und hier eventuell mit wattierten Schultern betonen; ein Doppelreiher verdeckt auch bei geöffneten Knöpfen den Bauch

DICKE ODER VOLLSCHLANKE FIGUR

FAUSTREGEL

★ Je dicker der Mensch oder ein Körperteil, desto fließender sollte die Silhouette sein.

Generell günstig:

★ Ton in Ton
★ zurückhaltende Muster
★ lässiger Schnitt
★ wattierte Schultern bei schmalem Oberkörper
★ bei längeren Beinen langes Jackett
★ bei kurzen Beinen Jackett unter der Taille enden lassen
★ lange Kleidung

DICKE BEINE eher ein Problem bei Frauen, aber auch Männer können dicke Oberschenkel haben

UNGÜNSTIG
enge Hosen, weiße Strümpfe, glänzender Stoff

GÜNSTIG
dunkle Strümpfe, lange Hosen, Schuhe und Strümpfe auf die andere Kleidung Ton in Ton abstimmen

DÜNNE ODER DÜRRE FIGUR

DÜNNER HALS

GÜNSTIG
V-Ausschnitt, reversloser Ausschnitt, lange spitze Kragenecken, dünne Krawatte, sehr dünner oder sehr dicker Krawattenknoten

GÜNSTIG
U-Boot-Ausschnitt, runder Halsausschnitt, runde Kragenecken, Kentkragen

SCHMALE SCHULTERN

UNGÜNSTIG
Raglan

GÜNSTIG
wattierte Schultern, eingesetzte Ärmel, bei Pullovern U-Boot-Ausschnitt, Doppelreiher, bei dem die oberen Knöpfe weiter auseinander plaziert sind als die unteren

DÜNNE ODER DÜRRE FIGUR

FAUSTREGEL

★ Je dünner der Mensch oder ein Körperteil, desto bauschiger sollte die Silhouette sein.

Generell ungünstig:
★ hautenge Kleidung
★ weite, zeltartige Kleidung

Generell günstig:
★ dickere Stoffe
★ Stoffmix, Mustermix
★ mehrere Kleidungsstücke übereinander tragen
★ kurze Jacken
★ für Unterbrechungen sorgen (Steppnähte, Knöpfe, Revers, Taschen)
★ für Volumen sorgen und obendrein in Form bringen durch Gürtel, bauschige Kleidungsstücke, die gerafft und gebunden werden

DÜNNE ARME fallen bei klassischer oder Businesskleidung nicht auf; es könnte ein Thema sein bei jungen Männern, die noch unkonventionell gekleidet sind; sind die Arme zu dünn, ist ärmellos ungünstig, ein weiter Ärmel genauso unvorteilhaft wie ein hautenger Ärmel

DÜNNER RUMPF die oben erwähnten generellen Empfehlungen gelten für diese Körperregion

UNGÜNSTIG
hautenge T-Shirts

GÜNSTIG
Blouson

Hosenrock

HOSEN-
VARIATIONEN

Bermuda

FÜR JEDE FIGUR
ETWAS PASSENDES

ÄRMEL-
VARIATIONEN

gekräuselter Ärmel

eingesetzter Ärmel

Fledermausärmel

FÜR JEDE FIGUR ETWAS PASSENDES

überschnittene Schulter

Kimonoärmel

Caprihose

Bundfaltenhose
Marlene-Dietrich-Stil

Zigarettenform

HOSEN-
VARIATIONEN

Karottenform

Reiterhose

Steghose

FÜR JEDE FIGUR
ETWAS
PASSENDES

BESSER SEHEN UND BESSER AUSSEHEN

Früher als notwendiges Übel akzeptiert, ist die Brille heute ein attraktives Attribut. Häufig haben wir mehrere Exemplare, um nach Stimmung und Gelegenheit auszuwählen. Das Angebot ist riesig, und nicht selten werden Brillen als modischer Gag mit ungeschliffenen Fenstergläsern getragen. Eine Brille sollte gut sitzen, passen und dem Gesicht die gewünschte Note geben.

Bei der Auswahl berücksichtigen Sie:

★ Ihren Pigmentierungstyp

★ die Farbe der Fassung und der Gläser

★ Ihren persönlichen Stil

★ Ihre Gesichtsform

BESSER SEHEN
UND BESSER AUSSEHEN

Wählen Sie nicht unbedingt eine Ihrer Gesichtsform entsprechende Brillenform, außer Sie haben ein ovales Gesicht. In den Beschreibungen der Gesichtsformen finden Sie Ihre geeignete Brillenform. Eng- und weitstehende Augen können durch die Breite des Stegs optisch korrigiert werden. Auch eine nach außen abfallende Augenstellung kann durch eine gegenteilige Brillenform günstig beeinflußt werden.

Augenfarbe, eventueller Lidschatten und Tönung der Gläser sollten in ihrer Mischung nicht dem Zufall überlassen sein. - Beim Wintertyp sind ungetönte Gläser am günstigsten, denn Gläsertönungen wirken wie Weichmacher, was dem Wintertyp seine Brillanz nehmen würde.

Bei der Form der Brille ist auf den Rahmen und bei einer randlosen Brille auf die Gläser zu achten. Der Steg kann breit oder schmal, hoch oder tief angesetzt sein. Die Optik der Nase und des Gesichtes werden dementsprechend korrigiert.

Beim Blick auf das Profil fällt die Nasenlänge auf. Bei einer auffällig langen Nase sollte der Steg nicht hoch angesetzt sein, sonst wirkt die Nase noch länger. Die Nasenbreite wird wiederum beeinflußt von der Breite oder von der Dominanz des Stegs.

Auch die Bügel, breit, schmal, hoch oder tief angesetzt, verändern die Aussage der Brille und den Ausdruck Ihres Gesichts. Ein tief angesetzter Bügel nimmt etwas von der Gesichtslänge. Bei einem kurzen oder runden Gesicht sollte der Bügel dagegen hoch angesetzt sein.

Die Gläserstärke, abhängig von der Dioptrienzahl, verändert ebenfalls. Plusgläser zum Nahsehen machen die Augen groß, Minusgläser zum Sehen in der Ferne machen die Augen klein.

Wichtig ist, daß der obere Rand der Fassung und die Augenbrauen eine Linie ergeben. Die Augenbrauen dürfen auch über dem Rahmen sichtbar sein, zum Beispiel bei einer halben Brille. Ist der obere Rand des Rahmens aber höher als die Augenbrauen, wirkt das Gesicht nicht mehr harmonisch. Allerdings: als modischer Gag, zum Beispiel eine Sonnenbrille à la J. Kennedy-Onassis, ist diese Art „Disharmonie" erlaubt.

AM SCHÖNSTEN:
HAARE AUS DEM GESICHT!

Viele Menschen haben Angst, die Haare aus dem Gesicht zu frisieren, weil sie glauben, sie könnten kleine Disharmonien im Gesicht durch Haare verbergen. Dabei wird häufig das Gegenteil erreicht. Es kommt nicht von ungefähr, daß beim klassischen Ballett die Haare aus dem Gesicht getragen werden - oder daß wir uns bei angestrengtem Nachdenken die Haare aus der Stirn streichen. Und schauen wir durch die Modejournale, haben die weiblichen Fotomodelle selten die Haare vollständig im Gesicht. Aus meiner Erfahrung als Maskenbildnerin und Visagistin weiß ich, der edle, klassische, vornehme oder dynamische Zug hat sehr viel mit der Frisur zu tun. Das heißt nicht, daß das gesamte Haar immer und bei jedem Menschen streng aus dem Gesicht frisiert werden muß. Manchmal genügt schon eine Andeutung, ein leichtes nach-hinten-Frisieren im Jochbein- und Schläfenbereich.

WICHTIGE KRITERIEN FÜR DIESES THEMA SIND:

■ OPTISCHE REGELN

Wann sollten Sie die Haare aus dem Gesicht tragen?
(eventuell nur schläfen- und jochbeinfrei)

1. hervorstehende Augen
2. Schlupflider
3. Nasenproblem
4. hängende Wangen
5. Doppelkinn

■ STILISTISCHE REGELN

Haare aus dem Gesicht bei:

1. stark geschminktem Gesicht
2. Business Outfit
3. klassischem Outfit
4. elegantem Outfit

★ Schlupflider

Zunächst sollte differenziert werden zwischen rassebedingter Anlage, erblich bedingtem Augenschnitt oder durch Alter erschlaffter Haut. Wenn letzteres zu Schlupflidern führt, ist ein voller Pony nicht ratsam, denn die Schwere eines solchen Ponys drückt optisch auf die Augen und betont die schweren Augenlider. Dagegen könnte bei asiatischen Schlupflidern eine solche Frisur, bewußt gewählt, sehr reizvoll sein.

★ Nasenproblem, zum Beispiel große Nase oder Stupsnase

Wenn der niedliche Charakter, den eine Stupsnase dem Gesicht verleiht, gemildert werden soll, ist eine strenge Frisur ideal. Bei ausgesprochen großer Nase wirken Haare, ins Gesicht frisiert, wie Pfeile, welche die Nase betonen. Wenn die Haare aus dem Gesicht frisiert werden, wirkt die Nase weniger dominant. Allerdings sollte die gesichtsfreie Frisur nicht zu straff und streng sein, weil sonst die Nase wiederum betont würde.

Bei ★ hervorstehenden Augen, ★ hängenden Wangen, ★ einem Doppelkinn oder einem runden Gesicht haben in das Gesicht frisierte Haare ebenso eine betonende Wirkung. Nach einem kritischen Blick auf die Stirn entscheiden Sie, ob die Haare vollständig aus dem Gesicht genommen werden oder ob Sie einige Stirnfransen im Gesicht lassen und lediglich die Haare im Schläfen- und Jochbeinbereich in weicher Form nach hinten frisieren.

IMAGE
STILRICHTUNG
STILERKENNTNIS

3

KLEIDER MACHEN LEUTE

Ja, Kleider machen Leute, aber nicht Menschen! Selbstverständlich sind vor dem Outfit Herzensbildung und Intelligenz wichtigere Kriterien. Aber wenn wir uns an die Erforschung des Outfits machen, können wir zum Teil sehr interessante und keineswegs oberflächliche Beobachtungen machen. Wir erkennen, daß einzelne Gruppen in einer Gesellschaft gleiche Signale geben. Diese gleichen Signale, also Verbundenheit zu anderen Menschen, können in der Sprache, in der Art des sprachlichen Ausdrucks, in Gesten und im äußeren Erscheinungsbild zutage treten.

Desmond Morris, Autor des Weltbestsellers „Der nackte Affe", hat über das menschliche Verhalten folgendes zusammengefaßt:

„Die Erkenntnisse jahrzehntelanger Beobachtungen von Menschen in allen Teilen der Welt haben gezeigt, daß der Mensch trotz seines einzigartigen Gehirns und seines zivilisatorischen Fortschritts ein körperlich höchst aktives Wesen geblieben ist, das uralten Handlungsimpulsen folgt, die die Kontakte der Menschen miteinander prägen. Wir markieren Territorien, demonstrieren unseren Rang in der Gesellschaft, reagieren bei Gefahr oder freudiger Erregung in charakteristischer Weise, signalisieren unmißverständlich sexuelle Bereitschaft, unterstreichen unsere Rede mit bestimmten Gesten, übertreiben oder verbergen unsere Gefühle nach immer denselben Mustern. Wer diese stummen und doch so beredten Signale genau kennt, versteht sich, seine Mitmenschen und seine Umwelt plötzlich sehr viel besser - was um so wichtiger ist, als viele dieser Signale wirksam sind, ohne uns bewußt zu werden.“

Eins der wichtigsten Signale ist unsere Kleidung. Ihre Symbole zeigen sich auch in anscheinend unwichtigen Kleinigkeiten. Jedes Accessoire, aber auch das Nichttragen eines Accessoires kann die Art und die Einstellung eines Menschen deutlich machen. Wenn ich als Maskenbildnerin in Zusammenarbeit mit einem Kostümbildner einen bestimmten Menschen auf der Bühne darstellen möchte, greifen wir zu ganz bestimmten Attributen und alle Zuschauer erkennen die Rolle auch ohne Lesen des Programms.

Maskenbildner und Kostümbildner bedienen sich bekannter Klischees. Schauen wir uns in verschiedenen Gruppen unserer Gesellschaft mit sozialen Unterschieden einmal um: Punker, Gäste beim Neujahrsempfang, Derby-Besucher oder Fußball-Fans. Die Mitglieder der einzelnen Gruppe kleiden sich meist einheitlich, sie demonstrieren ihre Zugehörigkeit. Charakteristisch für Fußball-Fans im Stadion sind z. B. T-Shirts mit Vereinsemblemen, Schals, Fahnen etc. Beim Derby sind Hüte und ein elegantes Outfit zu beobachten. Punker zeigen durch zerrissene Kleidung und bewußt unschönes, provokatives Erscheinungsbild ihre Verbundenheit.

Auch wenn die Welt immer mehr zusammenrückt, werden Klima und Kultur in unterschiedlichen Erdteilen die grundlegende Richtung des Äußeren geben. Hinzu kommt die Mode, die sich in jedem Land anders zeigt. Würde man beispielsweise einen stolzen Zulu im Festtagslook auf unseren Straßen antreffen, er könnte für unser Empfinden für arm gehalten werden.

Die beiden großen Bereiche, die den ersten und zweiten Teil dieses Buches ausmachen, nämlich Farb- und Körper-Analyse, sind leicht belegbar und erkennbar, denn sie lassen sich mit Logik beweisen. Der folgende dritte Teil geht darüber hinaus. Sie lernen ein Bewußtsein für Image und Outfit zu entwickeln.

Allerdings sollte man sich nie von Klischees verleiten lassen. Ich empfehle eine eigene Analyse zu machen. Erst wenn wir uns unserer Gewohnheiten bewußt sind, können wir unseren Stil verbessern und unsere individuelle Persönlichkeit betonen.

ERKENNEN SIE SICH SELBST

Die folgenden Spezifizierungen zeigen klar die typischen Attribute und Elemente verschiedener Stilrichtungen. Diese Stilelemente sind sozusagen der Schlüssel zur Erkenntnis der Klischees.

Wichtig ist, sich der typischen Elemente klar und bewußt zu werden, denn es gibt Unterschieds-merkmale zwischen elegant, klassisch, konservativ, ladylike - oder jung, niedlich, brav - oder aber sportlich, leger, praktisch. Sie sehen, wir können Stilrichtungen zu Gruppen zusammenfassen, und es liegt nahe, daß ein sportlich gekleideter Mensch zugleich praktisch und leger gekleidet ist.

Aber es lohnt sich, die Stilrichtungen einmal sauber voneinander zu trennen. Erst mit Kenntnis der Aussage einzelner Stile bekommen Sie ein intensives Bewußtsein für sich selbst.

Machen Sie sich beim ersten Durchlesen frei von sich selbst und widerstehen Sie der Versuchung sich oder einen anderen Menschen sofort einordnen zu wollen. Denn jeder Mensch mischt seine Kleidung aus unterschiedlichen Stilelementen zusammen.

DIE STIL-RICHTUNGEN VON A-Z

asiatisch

alternativ

<u>Frauen</u>
kein Make-up
Kurzhaarfrisur oder lange Haare,
    unfrisiert, nicht oder mit Henna gefärbt
kein Nagellack, kurze Nägel
dicke Naturstoffe
dicke selbstgestrickte Pullover
Latzhose
runde Nickelbrille
Rucksack
Sisaltasche
Schafwollsocken
fußbequeme Schuhe, Sandalen

<u>Männer</u>
Kurzhaarfrisur oder lange Haare, unfrisiert
Vollbart, unrasiert
dicke Naturstoffe
dicke Pullover
Latzhose
Rucksack
Sisaltasche
runde Nickelbrille
Schmuck, wenn überhaupt, Silber
Schafwollsocken
fußbequeme Schuhe, Sandalen

Typische Farbe: meliert

asiatisch

JAPANISCH:
<u>Frauen</u>
Gheisha
weiße Grundierung
roter Lippenstift
Haare streng, aufgesteckt, gelackt
Kimono

<u>Männer</u>
schwarze, glatte Haare
strenge, hochgeschlossene Jacken

CHINESISCH:
halblange Haare, Mittelscheitel und glatt
Zopf
großer flacher Strohhut
strenge Linienführung
weite, gerade Jacke
schmale Hose
enges Kleid und Stehkragen, seitlicher Schlitz
Stichwort: Susi Wong
Maolook (Einheitskleidung nach der
    Kulturrevolution)
asiatische Designer: strenge Linienführung,
    häufig Schwarz
flache Schuhe

Typische Farben: kräftig, Schwarz

avantgardistisch

<u>Frauen/Männer</u>
ist die Spitze von edler, modischer Linie,
    je nachdem sehr übertrieben oder sogar
    sehr untertrieben
Liebe zum Detail
Modebewußtsein mit differenzierter
    Umsetzung gekonnter Stilbrüche
trendweisend

Keine typischen Farben

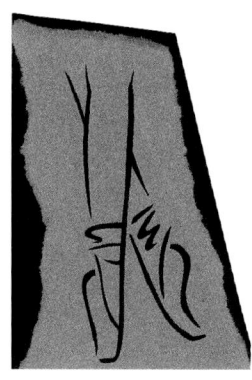

Ballerina

Ballerina

Frauen
akzentuiertes Make-up
Haare streng aus dem Gesicht
schlichte, enganliegende Oberteile
    mit großem runden, ovalen
    oder V-Ausschnitt, bzw. schulterfrei
enger Ärmel, entweder lang oder
    Ellenbogenlänge
Leggings
fußlose Strumpfhose
Leg-Warmer
blickdichte Strumpfhosen
runtergerutschte, dicke Socken/Strümpfe
Ballerina-Schuhe

Typische Farbe: Schwarz

bieder

Frauen
generell kein Mode- und Qualitätsbewußtsein
kein Make-up
unmoderne Frisur, ungefärbte Haare
Hemdblusenkleid minderer Qualität
Kunstfasern
Kofferröcke
zu kurzer Seidenschal
Kunstgewerblicher Schmuck im Sinne von
    selbst hergestellten Bastelarbeiten
braune Kreppsohlenschuhe mit Absatz

Männer
generell kein Mode- und Qualitätsbewußtsein
Kurzhaarschnitt, im Nacken hochrasiert
Anzug minderer Qualität
durchschimmerndes Unterhemd
unedle Krawatte
Hosenträger
lederimitierter Gürtel
Gelenk- oder Umhängetasche
kleinkrempiger Hut
kurze Socken und Sandalen
graue, perforierte Schuhe zu braunen Socken

Typische Farben: Beige, Grau, Braun

brav (Schulmädchen)

Frauen
sehr wenig oder kein Make-up
keine gefärbten Haare
Pagenkopf
längere Haare aus dem Gesicht (ähnlich wie
    Cowgirl, aber ordentlich gekämmt und mit
    Seidenschleife am Hinterkopf gebunden)
Kleidung: hochgeschlossen,
    Bubikragen, weißer Kragen
keine Körperbetonung,
    z. B. Kleid als Faltenhängerchen
schlichte, lange, schmale Ärmel
Rock- und Kleiderlänge zwischen unterhalb
    des Knies und Wade
unauffällige Muster
Faltenrock, Kilt
schlichtes Twinset
generell wenig Applikationen und
    Accessoires, fast kein Schmuck
flache Schuhe

Typische Farben: Grau/Weiß

Countrystil

Frauen
wenig Make-up
natürliche Frisur
Schirmmütze
Kostüm mit großzügig geschnittener Jacke
Lederflicken, Lederknöpfe
Hosenrock
grob gestrickte Ensembles, dickere Stoffe
Schotten, Karo, Tweed
dickere Strümpfe, bzw. Strumpfhosen
    in gedämpften Farben
flache, dicke Schuhe

Männer
Schirmmütze
dicke Pullover, dicke Strickjacken
Schotten, Karo, Tweed
Lederflicken, Lederknöpfe
Knickerbocker
klassisch gebundenes Halstuch
Schuhe mit dicken Sohlen

Typische Farben: Hellbraun, Mittelbraun,
gedeckte Farben

dramatisch

<u>Frauen</u>
wie Rubrik „streng"
starkes, dunkles Augen-Make-up
schwarzes Brillengestell

<u>Männer</u>
nur umzusetzen bei dunkelhaarigen Männern
schwarzes Brillengestell

Typische Farbe: Schwarz

elegant

<u>Frauen</u>
akzentuiertes Make-up
Haare schlicht, mittellang und aus dem Gesicht
schlichte Aufsteckfrisur
längere Fingernägel und roter Lack
edle Stoffe wie Cashmere und Seide
Rock- oder Kleiderlänge nicht mini
besondere Schnittführung
Pelze
Hut
edler, teurer, akzentuierter, großer,
    aber nicht zuviel Schmuck
keine sehr große Uhr
seidener Hausanzug
Taschentuch nicht aus Papier (z. B. Batist)
helle Seidenstrümpfe
Pumps, keine Stilletos (extrem hohe Pfennigabsätze)

<u>Männer</u>
gepflegter Kurzhaarschnitt, im Nacken
    nicht extrem kurz angeschnitten,
    aus dem Gesicht frisiert
kein Bart
angefertigte Maßhemden mit Initialen
Oberhemdkragen mit Tab oder Nadel
edle Stoffe, zurückhaltende Muster,
    z. B. dezenter Nadelstreifen
dunkler Anzug mit Weste, Einstecktuch
schlichter, langer Mantel ohne Gürtel
Manschettenknöpfe
evtl. Krawattennadel
kein Schmuck, goldene Uhr
seidener Hausmantel
gebundenes Halstuch in der Freizeit
Batiststofftaschentuch

elegant

Country

dunkelblaue oder schwarze lange Socken
    aus feinem Material
schlichter schmaler Schuh

Typische Farben: Schwarz, Nachtblau

extravagant

<u>Frauen</u>
Make-up modisch, Neigung, sich zu schminken
Nagellack modisch
im positiven Sinn auffallend
spezielle und edle, auffällige Accessoires
Modebewußtsein
Liebe zum Detail

<u>Männer</u>
im positiven Sinne auffallend
spezielle und edle, auffällige Accessoires
Modebewußtsein
Liebe zum Detail

Keine typischen Farben

feminin

<u>Frauen</u>
betontes Make-up
lange Haare
Locken, gefärbte Haare
sehr lange Fingernägel, Lack
Figurbetonung
viel Schmuck
kleine Handtasche, kleine Unterarmtasche
hohe Schuhe

Typische Farben: Rot, helle, leuchtende
    oder pudrige Töne

folkloristisch (nordeuropäisch)

<u>Frauen</u>
zartes, helles Make-up
keine Brille
lange Haare (z. B. Zöpfe)
kein Nagellack
Litzen, Bordüren, Hohlsaum, weiße Spitze,
    Rüschen, Biesen
Naturstoffe: Baumwolle, Leinen, Wollmusselin
Kordel, Stickerei, Applikationen
Kleider entweder im Rücken gebunden
    ohne Taillenbetonung oder
    breite Taillenbetonung mit Schnürgürtel
    oder andere breite Gürtel
weite, lange Röcke oder weite Kleider
Blusen mit weitem gekräuselten Ärmelansatz
hochgeschlossen oder zarter Ausschnitt,
    runder Ausschnitt, gerafft mit durch-
    gezogener Kordel
Weste
Bolero
Unterröcke
große Tücher mit Fransen
kleine bunte Beutel mit Kordel
weiße Baumwollstrumpfhosen oder
    weiße Kniestrümpfe in Häckelmuster
Holzpantinen, schlichte Schuhe
    mit flachem oder kleinem Absatz und
    Lederriemen über dem Spann

<u>Männer</u>
 weite Hemden mit Stehkragen und
    gekräuselten Ärmeln in der Schulterpartie
weiter Ärmel mit schmalem Bündchen
Naturstoffe, Baumwolle, Leinen
Bordüren, Litzen, Stickerei, Biesen
Weste
Bolero
weite Hose
Kniebundhose
seitlich gebundene Halstücher
dickere Socken
Schuhe mit Schnallen

Typische Farben: Weiß, bunt

futuristisch

<u>Frauen</u>
starkes, akzentuiertes Make-up
Augen in geometrischer Linie geschminkt
strenger symmetrischer oder
    bewußt asymmetrischer Haarschnitt
enge Kappen, silberne Motorradhaube, Helm
enger Silberanzug mit Betonung der
    Schultern und Ellenbogen
Silberhandschuhe mit Stulpen
Astronautenlook
Design oder Muster des Stoffes mit
    dementsprechenden geometrischen Zeichen
Plexischmuck
Stiefel mit dicker Sohle

<u>Männer</u>
strenger symmetrischer oder bewußt
    asymmetrischer Haarschnitt
enge Kappen, silberne Motorradhaube, Helm
enger Silberanzug mit Betonung der
    Schultern und Ellenbogen
Design oder Muster des Stoffes mit
    dementsprechenden geometrischen Zeichen
Silberhandschuhe mit Stulpen
metallfarbene, nicht spitze Stiefel mit dicker Sohle

Typische Farbe: Silber

hawaiisch

<u>Frauen</u>
Make-up - Betonung
lange dunkle Haare mit Blumen,
    einseitig gehalten
gewickelte Oberteile
Wickeltücher als Rock: Hüftbeginn, Taille frei
Taillenbetonung
Blumenketten
Blumenschmuck um die Fesseln
barfuß

<u>Männer</u>
Wickeltücher (Hüftbeginn)
Blumenketten
Blumenschmuck um die Fesseln
barfuß

Typische Farben: bunt und Weiß, leuchtend,
    kräftig

futuristisch

indianisch

indianisch

Frauen
bräunliches, (bronze) Make-up
lange, dunkle Haare, Zöpfe, Stirnband
    mit Federn
braunes Wildleder
Fransen
Weste
Schmuck: Leder, kleine türkisfarbene Perlen,
    Federn
Mokassins

Männer
lange Zöpfe, glatte Haare
Federschmuck
Wildlederhose mit Fransen
Weste
keine Strümpfe
Mokassins

Typische Farben: Hellbraun, Türkis

indisch

hawaiisch

Frauen
stark betonte Augen, Kajal in Schwarz
glatte, strenge Frisur, Mittelscheitel,
    großes Kopftuch, nicht gebunden
Naturstoffe
Seide
bunte Stoffe, kräftige Farben
Sari
helle, hochgeschlossene Kleidung
Tücher und Taschen mit Metallfäden und
    kleinen Spiegelapplikationen

Männer
Turban
Kopfbedeckung: Schiffchen im Nehrustil
helle Anzüge, einreihig geknöpft
    oder verdeckte Knopfleiste

Typische Farben: Weiß, hell, Gelbgold

jung

Jägerstil

Frauen
grüner Hut mit oder ohne Gamsbart
Lodenkostüm
Hirschhornknöpfe
Lodenmantel
Cordhose
Jagdtasche, Büchsentasche
evtl. Gummistiefel

Männer
grüner Hut mit oder ohne Gamsbart
Cordhose
Hirschhornknöpfe
Lodenmantel
Jagdtasche, Büchsentasche
evtl. Gummistiefel

Typische Farbe: Grün

jung

Frauen
kein Make-up
nicht gefärbte, lange offene Haare
„Rattenschwänze"
Zöpfe, Pferdeschwanz, „Haarschnecken"
Schleifen im Haar
Haarreif
bunter Plastikhaarschmuck
kein Nagellack
Comicapplikationen, z. B. auf Sweatshirt
Kleid: Hängerchen
Smokarbeiten
Mini, weiter Rock, Petticoat
kurze Puffärmel
Wolltroddeln
bunte Plastikuhr
hauchdünne Kettchen mit kleinem Anhänger,
    z. B. Tiere, Glücksklee
Kniestrümpfe oder Söckchen zum Rock
zarte, flache Schuhe
(Woll-) Fausthandschuhe

Männer
mädchenhafte Frisur
Comicapplikationen, Plastikuhr
schrill-bunte Kleidung
T-Shirt
kurze Hosen, Bermudas, Shorts
kurze Lederhose
Turnschuhe
siehe auch Stilrichtungen:
niedlich, folkloristisch,
Cowboystil, Matrosenlook

Typische Farben: bunt, zart oder kräftig

klassisch

Frauen
zurückhaltendes Make-up
Frisur aus dem Gesicht, halb-, mittellang, schlicht
nicht übertriebene Nagellackfarbe
Kostüm
Mantelkleid
Faltenrock
Twinset
Rock- und Kleiderlänge zwischen Knie
    und Wade, schlichte Linie
edle Stoffe: Cashmere
Muster: Glencheck, Hahnentritt, Paisley,
    engl. Karo, Schotten, Pepita
Schmuck: Perlen, Siegelring, Bandringe
    mit Cabochon
naturfarbene Strümpfe
Pumps mit Blockabsatz

Männer
Kurzhaarschnitt aus dem Gesicht, kein Bart
graue Flanellhose
blauer Blazer
Oberhemd: blau-weiß, feiner Streifen
Kentkragen, Standardkragen
Stoffmuster: Hahnentritt, Glencheck,
    Karo, Paisley
engl. Stil
dunkelblauer Mantel
schlichter, langer Trench
kein Schmuck, aber Siegelring
engl. Schnürschuhe, rot-braun oder schwarz,
    Oxford perforiert

Typische Farben: Dunkelblau, Grau, Camel,
    Weiß

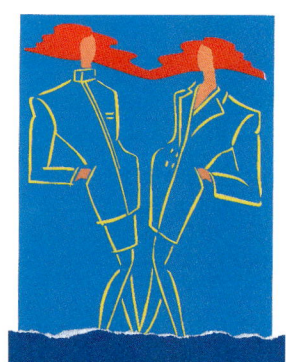

klassisch

konservativ

Frauen
generell nicht modisch
wenig Make-up
schlichte, nicht sehr modische Frisur
nicht auffälliger Nagellack
keine raffinierte Linienführung
Rock- und Kleiderlänge zwischen unter
    dem Knie und der Wade
steifer Trench, nicht modischer Lodenmantel

Männer
generell nicht modisch
kurze Haare
in Schnitt, Stoff und Muster unauffälliger Anzug
steifer Trench
Hut

Typische Farben: Dunkelblau, Grau

Kosakenstil (Russenlook)

Frauen
kräftiges Make-up
längere Haare, eher strenge Frisur
gedrehte Tücher mit Wollkordel umwickelt
    und um den Kopf geschlungen
großer, bunter Ohrschmuck
Wollstoffe, dicke Stoffe
Mustermix
weite lange Röcke
weites, auf der Schulter geknöpftes Hemd
weite Ärmel, schmale Bündchen mit Knöpfen
Tressen, Goldknöpfe, Stehkragen,
    Schulterklappen
Pluderhosen, welche an den Fesseln
    zusammengebunden sind
Taillenbetonung mit Schärpen und
    bunter Wollkordel
viele übereinander getragene Kleidungsstücke
lange Mäntel und Jacken mit Gürtel
Tascheneinfassung, Posamentenverschluß
Uniformstil
Pelzkappen, Pelzbesatz an Manschetten
Plüschkragen, übergroße Kragen
zaristische Applikationen und Muster
Muff oder Umhängetasche aus Velours
    mit Applikationen und Kordel
Schnallenstiefel,
    halbhohe Stiefel mit Pelzbesatz

maritim

Männer
kleine Kappen, Pelzkappen
Hemd über der Hose und mit Gürtel betont
weite Ärmel und schmale Bündchen
    mit Knöpfen
weite Hosen in Stiefeln getragen
weites, auf der Schulter geknöpftes Hemd
Wollstoffe, dicke Stoffe
Tressen, Goldknöpfe, Stehkragen,
    Schulterklappen
Mustermix
Pluderhosen, welche an den Fesseln
    zusammengebunden sind
viele übereinander getragene Kleidungsstücke
Taillenbetonung mit Schärpen und
    bunter Wollkordel
lange Mäntel und Jacken mit Gürtel,
    Uniformstil
Tascheneinfassung
Posamentenverschluß
Pelzbesatz an Manschetten, Saum und
    Stiefeln
Schnallenstiefel, halbhohe Stiefel

Typische Farben: bunt, dunkel, gedeckt

Ladylike

Ladylike

Kombination aus feminin und elegant

lässig / leger

lässig

Frauen
wenig Make-up
unkomplizierte, luftgetrocknete Frisur
insgesamt weite, bequeme Kleidung
Stoffe, die ungebügelt gut aussehen
dünne Halskette,
    die ständig getragen werden kann
große Tasche, Beutel
flache Schuhe
Ärmel hochgeschoppt
Offenlassen von Jacken
langer Mantel, offen getragen

Männer
unkomplizierte Frisur
Dreitagebart
weite Hemden oder Pullover ohne Krawatte
weite Hosen
Stoffe, die ungebügelt gut aussehen
weiter, langer Mantel, offen getragen
kein Schmuck

Keine typischen Farben

Macho

Männer
frisierte Haare, Oberlippenbart
Oberhemd offen (Brusthaare sichtbar)
Oberhemdkragen über dem Sacco
enge, weiße Hose
Halskette, Armkette
weiße Schuhe, schwarze Schuhe
    mit höherem Absatz, keine derben Schuhe

Typische Farben: Weiß, kühl

Marinelook (Matrosenlook)

Frauen
praktische Frisur
Kapitänsmütze
Matrosenkappe, Matrosenkragen
Kostüme, Kleider, Hosenanzüge in Weiß
    mit blauen Litzen oder mit maritimen
    Applikationen, manchmal rot
Faltenrock
Seemannshosen (weite Hosen),
    ausgestelltes Hosenbein
Pullover Blau-Weiß, Streifen
maritime Abzeichen (z. B. Anker, Steuerrad)
Goldlitzen und -knöpfe mit maritimen Zeichen,
    Uniformstil
Textilschuhe

Männer
Kurzhaarschnitt
Hemd mit Matrosenkragen
Pullover in Blau-Weiß
Anzug im Uniformstil
maritime Abzeichen, Goldknöpfe und -litzen

Typische Farben: Weiß, Dunkelblau

maskulin

Frauen
kein Make-up
männlicher Kurzhaarschnitt
kurze Fingernägel
kein Nagellack
Oberhemd
Hose
Herrenanzug
harte Schulterklappen
Krawatte, Fliege
Einstecktuch
ausgesprochen typischer Trenchcoat
Smoking als Abendgarderobe
große Uhr, sonst kein Schmuck
Baumwoll- oder Wollsocken
flache, männliche Schuhe

Typische Farben: Blau, Grau, Schwarz, Braun

mexikanisch

mexikanisch

orientalisch

Frauen
glatte, dunkle Haare
Kopftuch unterm Hut
grob gewebte Stoffe, gedeckte, bunte Farben,
      Streifenmuster
Poncho
großes Tuch auf einer Schulter
kunstgewerblicher Schmuck

Männer
Bart
Kopftuch unterm Hut
Sombrero
Poncho
Naturleinenhosen

Typische Farben: Hellbraun, Orange

niedlich

Frauen
zartes Make-up
rund geschminkte Augen, kleiner Mund,
      Stupsnase
Locken
Pastelltöne, auch beim Make up
Rüschen, Herzen, Schleifen
Tüll, Tupfenmull
kurzer, weiter Rock
kurze Puffärmel

Männer
weiches Gesicht
Locken
lange Wimpern

Typische Farben: Pastell, z. B. Rosa, Lachs

orientalisch

Frauen
starkes Make-up
lange dunkle Haare
lange Fingernägel
Haar- und Stirnschmuck
üppiger Ohrschmuck
Bauchkette
Kette für die Fesseln
Schmuck mit Motiven aus 1001 Nacht,
      Mondsichel, Sterne
aufwendig verzierte Stoffe und Muster,
      auch glänzend
kurze Jacken
Pluderhosen
Taillenbetonung, Hüftrock
weiter, langer Rock oder Pluderhose mit Sattel
schwarzes Kopftuch, Schleier, Tschador
Umhängetaschen aus buntem Stoff
      und mit metallischen Applikationen

Männer
verzierte Kappe für den Kopf
Turban
weites Hemd und Weste
Pluderhose
Schnabelschuhe

Typische Farben: bunt, kräftig, satt

praktisch

Frauen
kein Make-up
unkomplizierte, luftgetrocknete Frisur,
    keine gefärbten Haare
kurze Fingernägel ohne Lack
pflegeleichte Stoffe, z. B. Polyester, Jeans
Regenbekleidung
keine oder fast keine Knöpfe, Klettverschluß
Rucksack
Papiertaschentücher
kein Schmuck
bequeme Schuhe, flacher Absatz

Männer
entweder sehr kurze Haare oder lange Haare
dunkle, gemusterte Hemden in nicht
    zu aufwendig zu pflegenden Stoffen
Jeans oder Polyesterhose
Regenjacke
Rucksack
Papiertaschentücher
Schuhe mit Klettverschluß

romanisch

Typische Farben: farbunabhängig

Reiterstil

Frauen
wenig Make-up
Haare aus dem Gesicht
typische Samtkappe, schwarz
helle, hochgeschlossene Bluse mit Schluppe,
    Halstuch
Krawattentuch
langes, tailliertes Jackett, Lederflicken
    am Ellenbogen
Hose am Oberschenkel weit, an der Wade eng
Lederhandschuhe
flache Stiefel mit gerader hoher Stulpe

Reiterstil

Männer
Haare aus dem Gesicht
typische Samtkappe, schwarz
helles Hemd, Halstuch
Krawattentuch
langes, tailliertes Jackett, Lederflicken
    am Ellenbogen

Hose am Oberschenkel weit, an der Wade eng
Lederhandschuhe
flache Stiefel mit gerader hoher Stulpe

Typische Farben: gedeckte Farben, Schwarz,
Beige, Weiß

romanisch

Frauen
starkes Make-up
Haare lang und großzügig, wellig, entweder
    Stufenschnitt oder Knoten im Nacken
große Haarkämme
Haarspange
lange Fingernägel und dunkelroter Lack
langer Ohrschmuck
„Carmenbluse", schulterfrei
langer weiter Rock mit Rüschen und Volant
    und an einem Bein geschlitzt
Taillenbetonung
miederartiger breiter Gürtel
großes Tuch
viel Schmuck
Creolen
Fächer
schlichte Schuhe mit Blockabsatz

Männer
Pomadenfrisur aus dem Gesicht,
    im Nacken lang, siehe „Zigeuner"
Oberlippenbart
spezieller Torerohut
kniekurze Hose (schmal)
kurze, boleroartige Jacken mit starker,
    verzierter Schulterbetonung
Schärpe

andere Richtung: siehe Macho

Typische Farben: Schwarz, Rot, bunt,
    leuchtend

romantisch

Frauen
transparentes, zartes, in Pastelltönen
    gehaltenes Make-up
längere Haare, wellig oder gelockt
Locken
Blümchenmotive
Rüschen, Tüll, Volant, Schleifen
Spitze
keine gewagten Dekolletés
Trompetenärmel
Glockenrock
Zipfelsaum
lange, weite Röcke oder Kleider
keine Brille
kleine, verzierte Umhängetasche
Hut mit Tüll
eher flache Schuhe

Männer
blonde Locken
Hemd mit weiten Ärmeln
Stehkragen
Samtweste
weite Hosen

Typische Farbe: Pastell

rustikal

Frauen
ungeschminkt
praktische Frisur
Kleidung aus grobem, dickem Stoff
Norwegerpullover
Schuhe und Stiefel mit dicker Sohle
    und gröberer Machart

Männer
Vollbart
nicht akkurate Frisur, eventuell ins Gesicht
    frisiert
Kleidung aus grobem, dickem Stoff
Norwegerpullover
Cordhose
Schuhe und Stiefel mit dicker Sohle
    und groberer Machart

Typische Farben: gedeckte Farben wie Zimt,
    Mattbraun

Safaristil

Frauen
wenig oder kein Make-up
praktische Frisur
runder, typischer Baumwoll-/Leinen-Hut
    mit kleiner Krempe in Beige oder Khaki
Leinenoberteil, im Schnitt zwischen Bluse
    und Blazer mit halbem Arm und mit
    vielen Taschen
kurzes Revers oder Stehkragen
bequeme Bermuda, knielang
Kniestrümpfe
große Umhängetasche mit Gurt
    als Schulterriemen
flache Schuhe, Leinen oder Leder

Männer
praktische Frisur
runder, typischer Baumwoll-/Leinen-Hut
    mit kleiner Krempe
Leinenoberteil mit halbem Arm
kurzes Revers oder Stehkragen
bequeme Bermuda, knielang
große Umhängetasche
    mit Gurt als Schulterriemen
Kniestrümpfe
flache Schuhe, Leinen oder Leder

Typische Farben: Khaki, Beige, Natur

sportlich

Frauen
wenig Make-up
Kurzhaarschnitt
kurze Fingernägel
kein Nagellack
Sweatshirt
T-Shirt
Polohemd
Pullunder
Norwegerpullover
Shorts
Bermudas
Jogginganzug
Radlerhose
Leggings
Jeans
Hosenröcke

karierte Strickweste
3/4 Mantel
Blouson
Anorak, Parka
Kalbsledergürtel mit Silberverschluß
sehr große Uhr, wasserfest
Taucheruhr
Trench mit Schulterklappen
Baumwoll- oder Wollsocken, weiß,
    evtl. mit Streifen am Rand
Wollsocken mit diagonalem Muster
Tennis-/Turnschuhe, Slipper mit Troddeln
    und Steppnähten (Golf)
dicker Schnürschuh
große Tasche, Umhängetasche, Rucksack

Männer
Kurzhaarschnitt
Button-down Kragen
Hemd mit halbem Arm
Sweatshirt
T-Shirt
Polohemd
Pullunder
Norwegerpullover
Shorts
Bermudas
Jogginganzug
Radlerhose
Jeans
karierte Bundfaltenhose
Kniebundhose, Knickerbocker
3/4 Mantel
Blouson
Anorak, Parka
Kalbsledergürtel mit Silberverschluß
karierte Bundfaltenhose
Baseballjacken
Baseballmützen
sehr große Uhr, wasserfest
Taucheruhr
Trench mit Schulterklappen
Baumwoll- oder Wollsocken, weiß,
    evtl. mit Streifen am Rand
Wollsocken mit diagonalem Muster
Tennis-/Turnschuhe, Slipper mit Troddeln
    und Steppnähten (Golf)
dicker Schnürschuh
Rucksack

Typische Farben: unterschiedlich,
    je nach Sportart

sportlich

sportlich

20er Jahre

Stil der 20er Jahre

Frauen
dämonisch geschminkte Augen
Ponyfrisur oder
    tief ins Gesicht gezogene Wellen
kurz geschnittenes Haar
Bubikopf
eng an den Kopf frisierte Frisur
enganliegende Kappen und Hüte
knielanges Hemdkleid, tiefe Taille
schlichter Schnitt der Kleider
mit Dekorationen wie Plisseeteile, Stickereien,
    Spitze und Fransen
auf den Hüften sitzender Gürtel
unbedeckte Arme
Jacken im Herrenschnitt
gerader, schmaler Mantel
    mit tief herabgezogenem Schalkragen
    (häufig mit Pelz besetzt)
viele lange Halsketten
Seidenschals mit Fransen
lange Zigarettenspitze
Spangenschuhe

Männer
pomadig enganliegende Haare
Haare aus dem Gesicht nach hinten gekämmt
    oder gescheitelt
Bürstenfrisur
bartlos oder kleiner Oberlippenbart
gegürtete Jacken zu Knickerbocker
    und Schirmmütze
schmale Hosen mit Bügelfalten und Umschlag
spitze Schuhe mit dem Namen Shimmy
    Schuhe (nach dem Modetanz benannt)
Gamaschen
Frack und Smoking,
    außerdem wurde zu Festlichkeiten
    ein zweiteiliger Anzug
    mit einer schwarz-grau gestreiften Hose
    und schwarzem Sakko getragen,
    dieser Anzug wurde Stresemann
    nach dem gleichnamigen
    deutschen Politiker genannt

Stil der 30er Jahre

Frauen
Augenbrauen sicheldünn, der Mund betont
enganliegende, gewellte Frisur
halblang und Außenwelle
aufgesteckte Frisur mit Lockentuff über der Stirn
kleine Hüte mit Schleier
schmale, figurbetonte Kleider, wadenlang
asymmetrische Schnittlösungen
röhrenförmiger Mantel mit großem
    langhaarigen Pelzkragen
Seidenstrümpfe mit Naht
runde, hohe Pumps
dicksohlige Korkschuhe
Keilabsätze

Männer
locker nach hinten gekämmte Haare
bartlos
Schlapphut mit breiter Krempe
„Homburg", Hut mit hochgebogener
    paspelierter Krempe
zweireihiger dunkelblauer oder schwarzer
    Nadelstreifenanzug mit betonten Schultern
breite Hosenbeine mit Aufschlag
Seidenschal
Schuhe mit lochperforierter Spitze

Keine typischen Farben

Stil der 50er Jahre

Frauen
wenig Make-up
Pferdeschwanz
kleine Fransenfrisuren
Aufsteckfrisuren mit Hinterkopfbetonung,
    bananenähnlich gesteckt
Petticoatkleid
Kleider und Mäntel in H- und A-Linien,
    wadenlang
Handtasche mit Henkel und in bestimmter
    Weise auf dem Unterarm getragen
Perlonstrümpfe
schmale, spitze Schuhe mit Pfennigabsatz
spitze ballettähnliche Schuhe mit Gummizug

Männer
Bürstenhaarschnitt
Elvistolle, Haare nach hinten entenschwanz-
    ähnlich zusammengekämmt
kurzes buntes „Buschhemd",
    über der Hose getragen
Blue Jeans
Anzug in V-Linie, d. h. zum Sakko
    mit kurzem Revers, schmale Hose
    ohne Aufschlag
leicht abfallende Schultern
einreihige Sakkos
schmale, spitze Schuhe

Keine typischen Farben

Stil der 60er Jahre

Frauen
bühnengeschminkte Augen mit betonter
    Lidfalte und künstlichen Wimpern,
    sehr heller Lippenstift
schwarzer Lidstrich, Highlighter
kein Rouge
toupierte Haare
aufgesteckte, verschlungene „Nester"
    bei Hochfrisuren
Haarteile
Perücken
Courrègehaarmode: asymmetrische,
    halblange oder kurze Frisur
    mit betont geschnittener Spitze im Nacken
„Courrège", schwarz-weiße, geometrische
    Muster bei Damenoberbekleidung
    und Accessoires
futuristische Silberanzüge
Mini-, Midi- und Maxilänge
Op-art, Pop-art
Hüftrock
Westen, Cardiganjacken
ausgestellte Hosen
breite Gürtel lose auf den Hüften liegend
Feinstrumpfhosen
Plateausohlen, weiße Stiefel
Mitte der 60er Jahre „Schockfarben"
Frotteesocken in diesen Farben
    und runde Wildlederstiefeletten
Flower-Power, Hippie

50er Jahre

Männer
Pilzkopf à la Beatles
lange Haare
dünne Rollkragenpullover zum Anzug
breite Krawatten in auffälligen Mustern
    à la Courrège, Pop-art und Op-art
enge Anzüge mit schmalen Schultern
Sakko mit schmalem und kurzem Revers
    und Schlitz in der Rückenmitte
Nylonmäntel
markante Brillenfassungen
Hals- und Armkettchen
Slipper, Mokassins, Stiefeletten und Stiefel
Schnürschuhe mit Kreppsohle
Mitte der 60er Jahre „Schockfarben"
Frotteesocken in diesen Farben
    und runde Wildlederstiefeletten
Flower-Power, Hippie

Keine typischen Farben

streng

streng

Frauen
Haare straff aus dem Gesicht
    oder geometrischer Haarschnitt
Knoten im Nacken
auffällige Brille (markante Form)
gerade, hochgeschlossene Linie (Maolook)
uni oder größeres, graphisches Muster
große, gerade Tasche
schlichte flache Schuhe, gerade Linie

Männer
Haare straff aus dem Gesicht
    oder geometrischer Haarschnitt
auffällige Brille (markante Form)
gerade, hochgeschlossene Linie (Maolook)
uni oder größeres, graphisches Muster

Typische Farben: dunkel, matt

Trachtenstil

Trachtenstil

Frauen
dezentes Make-up
Zopffrisur
Dirndlkleid, ohne Brille
weiße Bluse mit rundem Ausschnitt
    und gezogener Kordel

Kniebundhose in Leder, Wollkniestrümpfe
    mit Zopfmuster, Borte, Bordüren,
    Eichenlaubapplikationen, Edelweißmotive
Strickjacke mit Muster
    und durchgezogener Kordel
Lodenmantel, Lodenjacke, Hirschhornknöpfe
kurze Weste, weiter, langer Rock
große Tücher mit Fransen und mit
    großer Brosche auf der Brust
kleine Samttaschen mit Bordüren
blickdichte Strümpfe in Weiß

Männer
Bart
grauer oder grüner Lodenhut mit Gamsbart
Hemd mit Stehkragen
Westen (Leder, Loden, Strick)
rot-weiß karierte Hemden
Flanellhemden
weiße Hemden mit Biesen + Stickerei
angekräuselte Ärmel
Janker
Lederhosen, Kniebundhose, Hosenträger
Schleife aus Samt oder Bordüre
graue Strickjacke, links gestrickt und
    meistens schwarzgrün eingefaßt,
    matte Silberknöpfe mit Muster
Taschenuhr
Strümpfe mit Zopfmuster
dicke Lederschuhe mit seitlicher Schnürung

Typische Farben: Grün, Weiß, bunt

ungarisch

Frauen
längere Haare, Flechtfrisuren
Haarschmuck: Haarreifen, seitlich lange Bänder
Stichwort: Piroschka
langer, weiter Rock
korsagenartiger Gürtel, kurzer, weiter Stiefel

Männer
Pomadenfrisur aus dem Gesicht,
    im Nacken lang
bauschige Oberhemden, offen gelassen
Hose wird in den Stiefeln getragen

Typische Farben: Rot, Schwarz, Grün, Weiß

Vamp

<u>Frauen</u>
sehr starkes Make-up
lange, gelockte Haare in auffälliger Haarfarbe
sehr lange Fingernägel mit Nageldekorationen
starke Figurbetonung
großes Dekolleté
transparente Stoffe
Raubkatzenmuster (Leopard)
breite, engsitzende Gürtel
Korsage
sehr viel Schmuck
Straß
Federboa
kleine Unterarmtasche
besonders gemusterte dünne Strümpfe
    (z. B. mit Naht oder Netzstrümpfe)
sehr hohe Schuhe, Pfennigabsätze
    metallfarbener Absatz

Typische Farben: Rot, Leopardenmuster

Westernlook

Westernlook

<u>Frauen</u>
dezentes Make-up
unkomplizierte Frisur oder längere Haare
    aus dem Gesicht; hinten am oberen
    Hinterkopf mit Lederband zusammen-
    gebunden, dabei wild und natürlich
natürliche Fingernagellänge
karierte Bluse mit abgesteppter Schulterpasse
    und Silbermetallkragenecken
Weste aus braunem Wildleder,
    eventuell Fransen
Sheriffstern
kleines, diagonal gefaltetes Halstuch
Blue Jeans
langer, weiter Rock mit Volant
Gürtel mit typischen Silberverzierungen
corsagenartiger Gürtel
Handschuhe mit langen Stulpen
Cowboystiefel
Jodhpurstiefel (kappenloser Kurzstiefel
    mit Lederriemen um den Schaft
    und seitlicher Schließe)

<u>Männer</u>
Cowboyhut
kariertes Hemd mit abgesteppter
    Schulterpasse und Silbermetallkragenecken
Band mit verschiebbarer Metallspange
    am Kragen
lose gebundene Lederschleife für den Hals
Weste
Gürtel mit typischen Silberverzierungen
Blue Jeans
„Chaps", Lederschutz am Oberschenkel
Stiefel mit Sporen
Jodhpurstiefel (kappenloser Kurzstiefel
    mit Lederriemen um den Schaft
    und seitlicher Schließe)

Typische Farben: Natur, Hellbraun, Jeansblau

Zigeunerlook

<u>Frauen</u>
lange, wilde Haare, meist aus dem Gesicht
    gekämmt und am Hinterkopf
    mit großer Spange befestigt
große, bunte Tücher, mit Fransen,
    um Kopf oder Schultern gelegt
Stoff- und Mustermix
Blumenmuster und Quadrate
großer, langer Ohrschmuck
viele Kleidungsstücke übereinander
lange Röcke
viele Armreifen
bunt zusammengewürfelter Schmuck
bunte Glasperlen
große Taschen, Einkaufs- oder Henkeltaschen
Sandalette, Pantoletten

<u>Männer</u>
längere Haare im Nacken,
    aus dem Gesicht gekämmt
    und mit Gel oder Pomade glatt gestriegelt
Schnauzbart
Hemd mit weitem Ärmeleinsatz
    und Rüschen auf der Brust
Ring mit großem Stein, evtl. kleiner Ring im Ohr

Typische Farben: bunt, kräftig oder gedeckt

STILE MIXEN

EIN KONZEPT MIT PFIFF

Diese Illustration ist ein Beispiel für die gekonnte Kombination verschiedener Stilrichtungen.

Die Frisur spricht einerseits durch die Länge der Haare und die Korkenzieherlocken für eine feminine Richtung, andererseits zeugen Strenge und Schlichtheit für das Klassische.

Ebenso ist es mit der Kleidung. Der lange Rock spricht für eine feminine oder sogar romantische Richtung.

Dagegen ist die Schnittführung der Jacke schlicht, fast streng.

LEUTE MACHEN KLEIDER

PRINZESSKLEID

Entworfen 1864 für die Prinzessin von Wales. Es ist ein nur mit Längsnähten auf Taille gearbeitetes Kleid. Seine Renaissance erlebte es um 1900, in den 30er Jahren und zwischen 1955-1965.

ETUIKLEID

Das auch als Futteralkleid bezeichnete Etuikleid entstand 1928. Es ist in einem Stück gerade, taillenlos, an den Hüften anliegend geschnitten. Der Halsausschnitt ist waagerecht oder oval. Als Abendkleid präsentierte es sich mit Trägern und viereckigem Dekolleté.

HEMDBLUSENKLEID

Coco Chanel trug um 1926 dazu bei, daß aus dem Schnitt des schlichten Kittelkleides das Hemdblusenkleid entstand. Höhepunkt 1936-65. Das Kleid erscheint wie eine Bluse mit Kragen in Herrenhemdfasson, Manschetten oder Bündchen. Daran angesetzt ist ein gerader oder auch weiter, gekräuselter oder glockiger Rock.

KITTELKLEID

Der Vorläufer des kurzen Sackkleides entstand 1918. Der Schnitt war stoffsparend und praktisch. Das Kittelkleid ist ein loses, gerades Kleid mit oberhalb der Hüfte angesetztem Rock. Ein lockerer Gürtel verdeckt die Ansatznaht.

Coco Chanel stellte dieses Kleid 1911 aus Baumwoll-Trikot vor.

TRAPEZLINIE

1958 von Yves Saint-Laurent entworfen und bis zum Ende der 60er Jahre auch als Mini-Kleid beliebt. Dieser Kleider-Mantelschnitt ist taillenlos, mit schmalen Schultern und weitem Saum.

H-LINIE

Kreiert von Dior 1954. Die Taille des Kleides ist durch einen Gürtel oder eine Schärpe über den Hüften markiert.

A-LINIE

Kreiert von Dior 1955. Der in Hüfthöhe angesetzte Rock ist glockig ausgestellt.

NICHT ZU UMGEHEN:
DIE „HEIMLICHE" KLEIDER-ORDNUNG

ast jede Branche hat ihre eigenen „Kleidervorschriften". Auch wenn sie nicht immer streng genommen werden: Menschen in unterschiedlichen Berufen kleiden und stylen sich unterschiedlich. Es besteht die Tendenz, sich durch den Beruf genau wie durch die eigenen Interessen prägen zu lassen. Wodurch wird also unser Outfit bestimmt?

Als erstes ist der Kulturkreis, in dem wir leben, von großer Bedeutung. Als zweites werden wir von der Familie, von unserem näheren Umfeld wie Freunden und Kollegen und der jeweiligen Berufstätigkeit beeinflußt. Außerdem orientieren wir uns in bestimmten Geschäften, in denen wir unsere Garderobe und Accessoires kaufen.

Berufliche Kleiderregeln ergeben sich aus folgenden Punkten:

• Arbeitsplatz • Branche • Art der Tätigkeit • Stellung, Position • Status • Firmenphilosophie

• Anlässe innerhalb der Position, z. B. Meetings, Kundenbetreuung, Messetätigkeit, Vertrags-abschluß, -verhandlung, Repräsentationspflichten.

Je nachdem, ob Sie Arbeitgeber oder Arbeitnehmer sind, kommt unter Bezugnahme der oben angeführten Punkte eine Erwartungshaltung hinzu.

Business-Kleidung zeigt gedeckte Farben, die wir auch als klassische Farben einstufen können. Es sind Dunkelblau, Blaugrau, Grau, Camel, Dunkelbraun, Weiß. Diese Farben in Kombination mit dem klassischen Stil, seinen schlichten Formen und dem dazugehörigen Qualitätsbewußtsein, werden gern in folgenden Berufen gesehen:

• im Management • im Bankwesen und • in Führungspositionen in unterschiedlichen Bereichen.

Menschen in kreativen Berufen wählen meist einen lässigen Stil. Die Kreativität, verbunden mit Liebe zum Detail, zeigt sich häufig beim persönlichen Stil im avantgardistischen Erscheinungsbild.

Verständlich ist, daß in medizinischen Berufen, z. B. bei Tätigkeiten im Operationsbereich, kein Nagellack und schon gar kein schwarzer Lack getragen wird. Kunstvolle Frisuren unter der OP Kappe sind ebenso wie Lippenstift unter dem Mundschutz unangebracht. Wir stellen fest, daß Menschen in medizinischen und pflegerischen Berufen meistens ein praktisches Outfit wählen.

Interessant ist die Beobachtung, daß der „Berufsschuh" in Krankenhäusern ein Holz- oder Korkschuh mit Fußbett ist. Die Begründung liegt darin, daß man den ganzen Tag auf den Beinen ist. Schauen wir uns aber die Schuhe der Chefärzte (bisher noch weniger Chefärztinnen) an, so finden wir hier eher elegante Slipper (trotz eines Arbeitstages, der über 8 Stunden hinausgeht!).

Das heißt, nicht nur die Berufsbranche und deren Erfordernisse, sondern auch Status und Stellung spielen eine große Rolle. Beispiel: In sozialen und pädagogischen Berufen findet sich häufig ein praktisches oder alternatives Outfit.

In einem anderen Bereich, der Baubranche, gibt es ähnlich deutliche Erkennungs-merkmale. Der Ingenieur hat den Schutzhelm auf, aber nur das verbindet ihn in seiner Kleidung mit den anderen Bauarbeitern. Unabhängig von den einzelnen Berufssparten finde ich folgende Erkenntnisse interessant:

Nur 10 Sekunden sollen es sein, die über den ersten Eindruck entscheiden. In diesen 10 Sekunden können nur Signale, das heißt, Zeichen mit einer für unsere Gesellschaft festen Bedeutung, vermittelt werden.

Dieser erste Eindruck, der im privaten Bereich durch persönliches Kennenlernen revidiert oder ergänzt werden kann, bleibt auf der beruflichen Ebene vielleicht für immer bestehen - darum sollte das berufliche Outfit mit besonderer Sorgfalt gewählt werden.

Generell empfinde ich es als klug, der Firmenphilosophie in der Kleidung zu entsprechen. Es ist verständlich, daß bei Mitarbeitern der meisten Firmen ein sexuell betontes Outfit unerwünscht ist. Damit ist beim Mann ein offenes Hemd mit Sichtbarwerden der Brusthaare und bei Frauen ein vampartiger Aufzug gemeint. Auch eine weniger krasse Aufmachung kann immer noch an der Firmenphilosophie vorbeigehen. Ich rate männlichen Mitarbeitern zum Beispiel von weißen Schuhen oder weißen Socken, und weiblichen Mitarbeitern von Leggings und wilder oder auch frisierter Löwenmähne bei einer Stellung in einer konservativen Firma ab.

Seriosität wird am ehesten von einer schlichten bis hin zu einer strengen Linie vermittelt.

MODISCH –
ABER NICHT AUFFALLEND

Männer tragen als Zeichen ihrer Seriosität die Krawatte. Frauen müssen das nicht, sollten aber ebenfalls gewisse Spielregeln einhalten und nicht als sexy Hexy vom Schreibtisch aus regieren. Für die Berufskleidung bedeutet das: bei der Wahl die Firmenphilosophie im Auge behalten, denn Sie sollen das Unternehmen repräsentieren. Vermeiden Sie darum hautenge Hüllen, superkurze Stretchmini, knappe Leggings, und bewahren Sie sich das große Dekolleté ebenso wie romantische Schleifen und Rüschen für die Freizeit auf. Immer richtig: klassische Kostüme, Kleider und auch Hosenanzüge.

Wählen Sie Stoffe und Accessoires mit Qualitätsbewußtsein. Für Schmuck und Accessoires gilt „weniger ist oft mehr". Vermeiden Sie besonders auffällige Stücke, Strümpfe mit Naht, superhohe Pfennigabsätze. Ein Muß im Berufsalltag ist die gepflegte Frisur, eher schlicht, möglichst aus dem Gesicht frisiert. Gehen Sie niemals ohne Make-up ins Büro. Erstens macht es einen schlechten Eindruck, wenn Sie morgens am Schreibtisch zum Auftakt mit Lippenstift und Nagellack hantieren. Und zweitens kann das Ergebnis nicht perfekt sein. Ihr Berufsgesicht verträgt keine übertriebene Kriegsbemalung. Halten Sie sich bei der Farbauswahl von Lippenstift und Lidschatten streng an Ihren Pigmentierungs-Typ.

Genauso wichtig wie das zurückhaltende gekonnte Make-up sind gepflegte Hände. Niemals schwarzer Nagellack oder Nageldekorationen. Gepflegte Länge und dezentes Rot oder Rosa gehören zu Ihrem Business-Outfit. Letzter, aber keineswegs unwichtigster Punkt: der Duft, der Sie begleitet. Wählen Sie eine leichte, frische Nuance, vermeiden Sie Wolken von schwülem üppigen oder sinnlichem Parfüm. Besser als die Essenz ist am Tag ein leichteres Eau de Toilette. Es verfliegt zwar schneller, kann aber stets nachgesprüht werden.

KLASSISCH -
ABER NICHT LANGWEILIG

Zunächst der Anzug. Je nach Geschmack kann ein Einreiher oder Zweireiher getragen werden. Ein Zweireiher verlangt allerdings im Vergleich zum Einreiher immer nach einer Krawatte. Insofern ist der Zweireiher noch formeller. Er wird immer geschlossen getragen, das heißt der Taillenknopf ist zugeknöpft, der darunterliegende Knopf bleibt offen. Beim Einreiher mit zwei Knöpfen muß der untere offenbleiben. Bei drei Knöpfen wird nur der mittlere geschlossen. Die Farben des Anzugs oder der Kombination sind gedeckt, und die Muster sind zurückhaltend oder kaum sichtbar. Der millimeterbreite hauchdünne Streifen auf dunklem Stoff, der klassische Nadelstreifen, ist nach wie vor der Klassiker unter der korrekten Business-Kleidung. Am elegantesten wirkt der Streifen in einem Abstand von einem Zentimeter.

Wird eine Kombination getragen, muß sich die Farbe des Sakkos deutlich von der Hose unterscheiden. Bei klassischer Hosenbreite sollte die Hose auf dem vorderen Fuß leicht aufliegen und hinten bis zum Absatz reichen. Hochgeschoppte und aufgekrempelte Ärmel eines Sakkos geben dem Outfit einen betont legeren Charakter. Kommt es auf ein klassisches oder elegantes Styling an, müssen die Ärmel unten bleiben.

Ein Oberhemd mit Button-down-Kragen wirkt sportlich, ein Oberhemd mit Tab oder Nadel gibt eine elegante Note und sorgt für den perfekten Sitz der Krawatte. Das Muster des Einstecktuchs sollte nicht mit dem der Krawatte übereinstimmen.

Die Krawatte endet am Dorn des Gürtels (wenn die Hose die normale Taillenlänge hat). Zum perfekten Outfit gehört, daß die Krawatte natürlich nicht gelockert, sondern fest unterm geschlossenen Kragen gebunden ist.

Weiße Socken sind nicht unbedingt ein Markenzeichen für Manager! Unter den Schreibtisch gehören dunkle, längere Socken oder Kniestrümpfe aus feinem Material, der längere Strumpf deswegen, damit beim Sitzen das Bein bedeckt bleibt! Vorsicht mit zuviel Schmuck! Ein Oberhemd mit einer Nadel im Kragen, dazu noch eine Krawattennadel, wirkt überladen. Ebenso des Guten zuviel wären eine aufwendige Uhr, eine Armkette, Manschettenknöpfe und Ring. Bei Accessoires und Schmuck zählt: Weniger ist mehr! Und bleiben Sie bei einem Material, also entweder Gelbgold oder Platin oder Stahl.

Die Schuhe sollten eine elegante Form haben und schwarz sein. Gummi oder Kreppsohlen sind bei einem edlen Outfit verpönt. Auch Kleinigkeiten haben eine Signalwirkung. Benutzen Sie darum kein Papiertaschentuch (außer Sie haben Schnupfen), sondern ein Batisttaschentuch in Weiß.

DIE RICHTIGE SAKKOLÄNGE

Wenn die Arme locker herabhängen und die Handflächen nach innen dem Körper zugewandt sind, bilden die Finger eine sanfte Krümmung zur Hosennaht. Bei richtiger Sakkolänge berühren die Fingerkuppen den Abschluß des Sakkos.

DIE KRAWATTE
EIN STÜCK STOFF
VON BEDEUTUNG

Ein typisches Attribut des männlichen Outfits und das Tüpfelchen auf dem i ist die Krawatte. Durch Material, Farbe und Muster setzt sie unterschiedliche Akzente. Dabei fließen Aspekte der Mode mit ein, die auch Breite und Knotengröße beeinflussen.

Die Krawatte als sogenannten Langbinder, im Unterschied zum Querbinder der Schleife, kennen wir erst seit Beginn unseres Jahrhunderts. In früheren Zeiten trugen Männer ein Tuch um den Hals - entweder als Schmuck oder zum Schutz gegen Kälte. In der Zeit Ludwigs XIV. gehörten farbige, breite Halstücher zur Uniform. Und Anfang des 18. Jahrhunderts wurde ein Tuch zu einer schmalen Halsbinde aus edlem Material wie Seide in Weiß über den Stehkragen des Hemdes gelegt. Etwas später, im 18. Jahrhundert, kam das Jabot, eine Spitzen- oder Seidenrüsche, die am Kragen oder an der Knopfleiste sitzt, in Mode. Es war sehr üppig und erinnerte an einen Wasserfall.

Im 19. Jahrhundert gab es dann fertige Halsbinden, die im Nacken zugehakt wurden. Dazu entstanden ganze Lehrbücher, die Zeugnis gaben, wie Männer aus verschiedenen Berufen, Kreisen oder Altersgruppen die Halstücher zu unterschiedlichen Schleifen binden sollten.

In den 20er Jahren wandelte sich die Krawatte mit Streifen, Tupfen, Allover-Dessin, einem immer wiederkehrenden kleinen Motiv, Karos und Paisley-Muster zu dem Erscheinungsbild von heute.

Von nun an veränderte die Mode lediglich die Krawattenbreite und die Knotengröße. Ein dicker Knoten wird als Windsor-Knoten bezeichnet. Man bevorzugte ihn in den 30er und 40er Jahren. In den 60er Jahren war eine breite Krawatte mit auffälligem Muster modern. Die für die 60er Jahre typischen Kunstrichtungen Op-Art und Pop-Art zeigten sich auch auf den Krawatten. Im Vergleich zu den starren und einengenden Kleidervorschriften von früher hat der Mann von heute in punkto Krawatte einen großen Spielraum. Je nach Gelegenheit und Stimmung wird die Krawatte zu Sportswear, Jeans oder zum klassischen Anzug getragen.

Die Krawatte ist ein Blickfang und sollte darum mit Bedacht gewählt werden. Bei einem kräftigen Brustkorb darf sie etwas breiter sein. Aber eine breite Krawatte auf einem schmalen Brustkorb läßt die Figur noch schmaler erscheinen. Auch der Knoten zieht den Blick an. Speziell groß- oder kleingebundene Knoten könnten den Hals oder die Gesichtsform negativ betonen. Ein dickes Gesicht oder ein dicker Hals würde mit kleinem Knoten durch Kontrastwirkung genauso wie mit dickem Knoten durch Potenzierung ungünstig betont werden.

Auch Muster können günstig oder ungünstig wirken. Ein rundes Gesicht sieht mit Kreisen und Punkten noch runder aus, während ein hageres Gesicht mit scharf abgegrenztem Muster noch kantiger wirkt. In jedem Fall sollten Sie auf gute Qualität achten und bedenken, daß Sie dezente Anzugfarben durch farblich kontrastierende Krawatten auffrischen können. Mit einem kleineren Muster strahlen Sie in jedem Fall Seriosität aus.

Ist der Anzug aus Tweed oder hat er ein unruhiges Muster, sollte die Krawatte eher kleine Dessins haben. Wenn das Sakko oder der Anzug uni und von schlichter Eleganz ist, darf die Krawatte im Muster etwas dynamischer oder auffälliger sein.

IHR ENGSTER BEGLEITER
DAS RICHTIGE PARFÜM

*J*eder Mensch liebt bestimmte Düfte: eine Mischung aus Erinnerungen, geschmacklichen Vorlieben, Gedankenverbindungen, Launen. Deshalb läßt sich die Parfumwahl nicht streng nach den vier Pigmentierungstypen vornehmen. Das wäre zu wenig differenziert, auch wenn die verschiedenen Typen nach unterschiedlichem Duft verlangen.

Meistens paßt zur satten, starken Pigmentierung (egal ob Herbst- oder Wintertyp) auch ein starkes Parfüm, z. B. eine orientalische oder exotische Richtung. Ein Mensch mit zarter, heller Pigmentierung verträgt eher einen leichteren Duft. Ob dieser eine blumige, eine grüne, eine frische, eine warme, liebliche oder pudrige Richtung hat, ist von den folgenden Kriterien abhängig:

• Farbtyp - starke oder zarte Pigmentierung • Stilrichtung • Typ • Alter • Gelegenheit • Beruf • Mode • Stimmung • Jahreszeit • Tageszeit • Klima

Allgemein paßt zu einem jungen Menschen ein leichter, unaufdringlicher Duft besser als ein aufdringlicher, starker Duft. Ein Mensch mit einer Vorliebe für Extravaganz und kühle, strenge Formen wird sich folgerichtig mit einem dementsprechenden Parfüm wohlfühlen.

Neben der Mode und der Stimmung ist der Beruf ein wichtiger Faktor. In medizinischen Berufen sind schwere und süße Düfte mit stark floralen oder orientalischen Akzenten nicht angebracht. Im warmen Klima entwickeln sich warme, weiche oder sinnliche Düfte störend. Hier sind frische, kühle bzw. grüne, zitronige Parfüms für die Umgebung angenehm.

Frauen mit starker Pigmentierung und einer Vorliebe für auffälligen Duft sollten nach den Eigenschaften: schwer, stark, exotisch, raffiniert oder orientalisch suchen.

Adäquat für Herrendüfte sind die Eigenschaften: schwer, aufdringlich, stark, intensiv, markant, orientalisch oder exotisch.

Frauen und Männer, die in ihrer Pigmentierung zart sind und, unabhängig davon, mit einem Duft nicht auffallen möchten, sollten unter den Dufteigenschaften: leicht, fein, flach, lieblich, zart, unaufdringlich oder zurückhaltend wählen.

Je nach Geschmack gibt es auch für Frauen androgyne oder herbe Düfte. Die feminine Frau wird sich dagegen von einem weichen, pudrigen, warmen oder sogar süßen Duft angezogen fühlen.

Auch Herrendüfte können eine weiche, feminine oder florale Note haben. Unter floral versteht man einen Duft nach Blumen, z. B. Rosen, Nelken, Veilchen, Iris oder Maiglöckchen. Maiglöckchen wird eher in Damendüften enthalten sein.

Bei den Blumendüften gibt es eine feminine und, je nach Konzentration und Blumenart, eine zarte oder beschwingte Richtung. Die blumigen Parfüms können durch Pfirsich, Ananas, Aprikose oder Apfel einen fruchtigen Charakter bekommen.

Wird Frische bevorzugt, typisch für den sportlichen Menschen, sollte dieser nach einem spritzigen, zitronigen, frischen oder grünen, kühlen oder coolen Duft greifen. Den zitronigen Charakter bekommt ein Parfüm durch Limonen- oder Limettenöl. Andere Ingredienzien sind Hölzer wie Sandelholz, Kräuter wie Beifuß und Estragon, Moschus, Kardamom, Zimt, Vanille, Bergamotteöl, Lavendel oder Honig.

Für Damen und Herren gibt es sogenannte klassische oder elegante Düfte, die sich meist dadurch auszeichnen, daß sie keine aufdringliche Kopfnote haben und nicht schwül oder süß sind.

Entsprechend der oben aufgeführten Eigenschaftsgruppen werden Sie aus dem riesigen Sortiment in den Parfümerien das geeignete Parfüm finden. Die Wahl sollte nicht überstürzt getroffen werden, denn ein Duft entwickelt sich nach einiger Zeit auf jeder Haut unterschiedlich.

STOFFE UND MUSTER
VON A WIE ALPACA BIS Z WIE ZEPHIR

Das Material für unsere Kleidung wird entweder aus der Natur gewonnen oder chemisch hergestellt. Beide Fasern haben bestimmte Vor- und Nachteile. Unbehandelte Naturfasern sind luftdurchlässig und nehmen Feuchtigkeit auf, knittern allerdings und verschleißen eher. Chemiefasern haben eine größere Reißfestigkeit, und Textilien aus diesem Material bleiben glatter, lassen sich im allgemeinen leichter reinigen, trocknen schnell, sind formbeständig und oft bügelfrei. Aber nicht alle sorgen für guten Temperaturausgleich. Die Textilhersteller bieten deshalb Stoffe aus einem Gemisch beider Fasern an, um die Vorteile beider Materialien in sich zu vereinigen. Wird ein Stoff farbecht, d. h. unempfindlich gegen Waschen, Licht und Wetter, eingefärbt, nennt man das indanthren.

ALPACA
stammt vom Lama, das in Peru und Chile lebt. Das Haar ist weich, fein, mit seidigem Glanz und wird für hochwertige Mischungen eingesetzt.
Alpacawolle stammt dagegen von südamerikanischen Kleinkamelen.

ANGORA
ist Edelhaar von gezüchteten Angora-Kaninchen. Die weiße, glatte Wolle ist ideal für leichte, feine Strickwaren.

ATLAS
ist ein Gewebe mit hochglänzender Oberfläche in besonderer Webart. Der Stoff ist glatt wie Futterstoff und wird unter anderem auch dafür genommen.

BATIST
wird aus Natur- und Chemiefasern hergestellt. Es ist ein zartes, feines und dünnes Gewebe.

BAUMWOLLE/COTTON
ist ein relativ preiswertes Naturprodukt, das sich auch bei Hitze angenehm tragen läßt, denn es nimmt hervorragend Feuchtigkeit auf.
Die Nachteile: schnelles Knittern und Einlaufen beim ersten Kochen. Knitterarm wird Baumwolle durch eine Beimischung von Chemiefasern oder eine spezielle chemische Ausrüstung. Merzerisierte Baumwolle ist eine veredelte Baumwolle, die einen feinen Glanz hat. Die Farben wirken intensiver.

BORKENKREPP
erinnert in seiner Struktur an Baumrinde, ist elastisch und wird aus Baumwolle oder Chemiefasern hergestellt.

BOUCLÉ
Ein Wollstoff mit noppiger Oberfläche und unregelmäßigen Schlingen.

BOURRETTE, SEIDENFROTTEE
Das typische dieses festen Stoffes ist eine körnige Oberfläche.

BROKAT

ist ein aufwendiger und gemusterter Stoff, meistens mit Gold- oder Silberfäden durchzogen.

CASHGORA

Ein edles Gewebe von der Cashgora-Ziege, die in Neuseeland gezüchtet wird. Das Material hat den Glanz und die Leichtigkeit von Cashmere, dabei aber eine hohe Festigkeit.

CASHMERE

wird von der gleichnamigen Ziege gewonnen, die im kalten Himalayagebirge lebt. Eine Schur bringt nur wenig von diesem begehrten Material. Darum ist Cashmere sehr teuer. Die edlen und feinen Textilien aus diesem Material tragen sich zwar äußerst angenehm, sind aber nicht sonderlich strapazierfähig.

CHIFFON

ein leichtes schleierartiges Gewebe aus Seide, hauchdünn, transparent und luftig. Chiffon ist das leichteste Gewebe, das es gibt, die Strapazierfähigkeit ist dementsprechend gering.

CLOQUÉ

Ein festes Gewebe mit leicht noppiger Oberfläche, aus Wolle, Baumwolle oder Chemiefaser.

CORD

Manchestercord, Breitcord, Feincord, Cordsamt, Baumwollcord, Fancycord, Stretchcord sind die verschiedenen Bezeichnungen für diesen Stoff. Er besteht aus Baumwolle, Viscose-Seide. Das typische ist die Rippenstruktur auf der rechten Seite mit unterschiedlicher Florhöhe. Hohe Strapazierfähigkeit!

COVERCOAT

sieht Gabardine ähnlich. Ein Wollstoff, der bei näherer Betrachtung leichte Diagonalrippen aufweist.

CRAQUELÉ

(franz. craquelé = rissig) Die Oberfläche erinnert an Krepp und hat eine blasige Struktur. Dieser Stoff ist aus Baumwolle oder Chemiefaser, eignet sich darum sehr gut für Kleider und Blusen.

CRÊPE DE CHINE

Chinakrepp ist auch ein zarter Seidenstoff, der durch eine bestimmte Webtechnik sein typisches, mattes Aussehen bekommt.

CRÊPE GEORGETTE

meist Seidenstoff, der Ähnlichkeit mit Chiffon und Crêpe de Chine hat. Allerdings ist Crêpe Georgette im Gewebe fester und hat einen körnigen Griff. Auch Wollstoff dieser Webart nennt man Georgette.

DUCHESSE

ist ein edler, stark glänzender, glatter Stoff aus Seide oder Chemiefaser, den man für Abendkleider oder als Futter für hochwertige Damenoberbekleidung nimmt.

DUVETINE - PFIRSICHHAUT

Der Name verrät das Aussehen dieses Textils. Die rechte Seite zeigt einen samtartigen Charakter.

FISCHGRAT

Auch wenn dieses Muster an Fischgräten erinnert, ist die richtige Benennung Fischgrat. Der Ausdruck Grat bezeichnet die technische Herstellung.

FLANELL

hat einen Faserflor, der nach dem Aufrauhen geschoren wird und die Struktur kaum erkennen läßt. Das Material ist Wolle oder Baumwolle.

FLAUSCH

Ein sehr dickes und weiches, wolliges Gewebe. Wegen der wärmenden Eigenschaft werden daraus meist Mäntel gemacht.

FRISÉ

Die Schlingen der gekräuselten Oberfläche dieses Stoffs erinnern an Frotté.

GABARDINE

Diesen Namen hatte ursprünglich ein Modehaus in Paris. Eine besondere Webart gibt der Baumwolle, Wolle oder Chemiefaser den typischen festen Charakter. Wegen der Strapazierfähigkeit wird Gabardine häufig für Anzüge, Kostüme und Mäntel genommen.

GLENCHECK

Wolle oder Mischgewebe mit spezieller Karomusterung, bestehend aus einem Grundkaro und einem Überkaro. An den Kreuzungspunkten kann je nach Webart Pepita oder Hahnentritt entstehen.

HAHNENTRITT

ist ein der Fußspur des Hahnes ähnliches Muster: ein Karo mit gezogenen verlängerten Ecken, häufig mit Pepita verwechselt.

JACQUARD

war der Erfinder (Frankreich, um 1800) einer Webtechnik mit Lochkarten. Die daraus entstehenden Muster, sind nach ihm benannt worden.

JERSEY

Überbegriff für Kleiderstoffe aus feinmaschiger, wolliger Ware mit Dehnungscharakter.

KAMELHAAR

Unter- oder Flaumhaar des Großkamels oder des Dromedars. Kamelhaar wird gern ungefärbt verarbeitet und für hochwertige Mantelstoffe verwendet. Ungefärbt ist die Farbe hellbraun. Je nach Wollbeimischung ist der Stoff verschieden dick und weich.

KAMMGARN

Gekämmte Fasern aus Wolle oder Mischgewebe werden zu diesem Stoff verarbeitet. Die feste Webart ist gut zu erkennen.

KAROS

sind die ältesten Webmuster. Schon einige Jahre vor unserer Zeitrechnung webten die Kelten Karostoffe in bunten Farben.

KREPP

ist ein überdrehtes Gewebe, dadurch dehnbarer und unruhig in der Oberfläche.

LAMBSWOOL

Lammwolle, von der ersten Schur junger Tiere, weicher und angenehmer als die Wolle älterer Schafe.

LAMÉ

(franz. lamé = Metallplatte) Hat eingewebte Glitzerfäden. Die Oberfläche wirkt metallisch schimmernd.

LATEX

Ein Gewebe aus Gummifäden.

LEINEN

Ein Naturprodukt, das aus Flachs gewonnen wird. Darum kann das Garn unterschiedlich dick sein. Leinen knittert stark, ist luftdurchlässig und kühl auf der Haut.

LODEN

aus Wolle oder aus Wollgemischen. Das Garn ist gerauht, gewalkt und gibt dem Stoff den typisch matten Charakter. Meistens wird Loden in Grün und Grau angeboten.

LUREX

ein preiswerter und durch Metallfäden glänzender Stoff mit Dehnbarkeit.

MERINO-WOLLE

stammt von einer australischen oder südamerikanischen Schafrasse, die ein besonders feines, weiches und elastisches Garn liefert.

MICROFASERN

sind superleichte Chemiefaser-Stoffe, die ideal für Wind- und Wetterkleidung sind.
Das heißt: Wasser dringt nicht in die winzigen Stoffporen ein, Körperfeuchtigkeit aber kann nach außen verdunsten.

MOHAIR

Edelhaar der Angora- oder Mohairziegen aus dem Gebiet Angora in Kleinasien. Es gibt außerdem Strickwaren den typischen flauschigen Charakter, ist strapazierfähiger als andere Wollarten.

MOIRÉ

(franz. = gewässert, geadert) Das Muster erinnert an Holzmaserung. Der Stoff ist ein Rips aus Seide oder Chemiefasern. Es gibt echten und unechten Moiré. Der Unterschied liegt in der Technik.
Die preiswerte Möglichkeit: Musterwiederholung wie bei einem Druck.
Teurer: ständige Variation der Musterung.

MUSSELIN

Der Stoff ist nach der irakischen Stadt Mossul benannt. Er ist locker gewebt, leicht und doch wollig.

NADELSTREIFEN

Ein Muster mit sehr dünnen, kontrastierenden Webstreifen, meist ungefärbt, auf dunklem Grund. Dieses Muster eignet sich für Anzüge und Kostüme und ist daher auch häufig aus Kammgarngewebe. Der Klassiker unter den Mustern ist geprägt von der englischen Businesskleidung.

ORGANZA

Ein ganz leichtes, transparentes Gewebe mit einem milden, dezenten Glanz. Ursprünglich aus Seide wird er heute aus Polyester nachgeahmt.

PATCHWORK

Arme Frauen in den Mittelmeerländern haben vor 2000 Jahren das Aneinandersteppen verschiedener Stoffreste erfunden. Im 18. und 19. Jahrhundert übernahmen die Siedlerfrauen der Amish-People in Nordamerika das Quilten (= kunstvolles Zusammensetzen der Stoffreste zu ausgefallenen Mustern mit Sternen, Kreisen, Quadraten oder Rhomben).

PAISLEY

Der Name stammt von der gleichnamigen englischen Stadt, in der man seit 1802 Baumwolltücher mit orientalischen, indischen Mustern webte. Das Muster zeigt stilisierte Palmblattmotive und wird auch türkisches Muster genannt.

PEPITA

ist eine kleine, quadratische Musterung. Durch das diagonale Karo wird Pepita oft mit Hahnentritt verwechselt. Kennzeichen: diagonale Rauten, keine gezogenen verlängerten Ecken wie beim Hahnentritt.

PFEFFER UND SALZ

ist ein Muster mit schwarzweißen oder auch grauweißen Noppen. Der Stoff zeigt eine grobe, unempfindliche Oberfläche und wird für sportliche Oberbekleidung verwendet.

PIKEE

(franz. piquer = steppen) Ein Baumwollstoff mit sichtbarer und fühlbarer Prägung. Dieses Gewebe mit dem plastischen Charakter wirkt eher steif.

POPELINE

ist ein festes, dichtes, aber nicht dickes Gewebe aus merzerisierter Baumwolle.

RIPS

Bezeichnung für dichtes, feines Gewebe mit unauffälligen Längs- oder Querrippen, oft aus merzerisierter Baumwolle oder Seide.

SAMT

(Velours = franz. Bezeichnung für Samt) gibt es fein und glänzend (z. B. Pannesamt), stumpf, dick oder plüschig. In jedem Fall ist typisch ein stehender Flor und Streichrichtung. Es gibt auch Samt mit Strukturen oder Mustern, aus Baumwolle oder Kunstseide. Rippensamt: Entsprechend der Bezeichnung ein gerippter Samt wie Manchester und Genuacord. Waschsamt: Ein besonders kurzfloriger, weicher Rippensamt, der gewaschen und gebügelt werden kann.

Wollvelours: Beidseitig gerauhtes Streichgarn.

SATIN

Futtersatin ist ein glatter, dünner, dichter und glänzender Stoff aus Viscose.

SCHOTTENKARO

Ein symmetrisches Karo aus schmalen und breiten Musterstreifen, entweder mehrfarbig oder Ton in Ton. Karo gehört neben den Streifen zu den ältesten Webmustern. Schon in der europäischen Eisenzeit webten die Kelten Karomuster (siehe unter Karo), die sich bis heute in den sogenannten Schottenkaros erhielten.

SCHWEIZER BATIST

ist ein leichter Stoff, der durch Merzerisierung eine höhere Festigkeit und ein größeres Vermögen an Feuchtigkeitsaufnahme bekommt.

SCHURWOLLE, REINE

Gekennzeichnet mit dem Wollsiegel, garantiert Farbechtheit, Reißfestigkeit und Formbeständigkeit. Sie stammt von der Schur lebender Schafe.

SEIDE

Seidengarn wird aus den Kokons der Seidenraupen gewonnen. Je nach Verarbeitung und Qualität entstehen daraus Honanseide, Shantungseide oder die weniger wertvolle Bourretteseide, in jedem Fall ein Material mit hoher Feinfädigkeit.
Wildseide: hat Fadenverdickungen.
Gewaschene Seide: ist matt, wirkt wie Wildleder

SEIDENBATIST

Ein Baumwollbatist, der durch Veredelung Seidenglanz erhält.

SHETLAND

Benannt nach den schottischen Inseln und ein Woll- oder Wollmischgewebe mit matter und leicht rauher Oberfläche. Mäntel, Kostüme und Anzüge werden aus diesem Material gefertigt.

STRETCH

wird hergestellt aus Elastan - einer elastischen Textilfaser, die zusammen mit jeder natürlichen oder synthetischen Faser verwebt oder umsponnen werden kann. Nur ein kleiner Prozentsatz von dieser Stretchfaser (Markenname Lycra) genügt, um das Gewebe besonders dehnbar zu machen.

TAFT

(persisch taftan = glänzend) Reinseidentaft ist ein hochglänzender feiner Seidenstoff, der steif wirkt und bei Stofffülle in der Bewegung knistert. Er kann auch aus Chemiefasern sein.

TUCH

hat eine filzartige Oberfläche, die durch Walken von Streichgarn entsteht.

TWEED

Ein mattes, grobes Gewebe mit kleinen, oft farbigen Noppen, meistens in verhaltenen Tönen.

VELOURS

siehe Samt

VICHY

ist ein kleines Quadratmuster, welches seinen Namen von der gleichnamigen Stadt in Frankreich hat. In Vichy wurde dieses kleinkarierte Würfelmuster ca. 1850 das erste Mal hergestellt. Früher gab es dieses Muster nur in Rot oder Blau mit Weiß. Heute werden auch andere Farben mit Weiß kombiniert. In jedem Fall finden wir dieses Muster meistens in Baumwolle.

VIKUNJA

ist der teuerste Stoff der Welt. Der Name dieses Stoffes stammt von einer vom Aussterben bedrohten Lama-Art aus Peru. Der Stoff aus diesem Haar ist schöner als Kashmir. Ein Mantel aus Vikunja hat Seltenheitswert und kann über 50 000 Mark kosten.

VISCOSE

ist ein Naturstoff aus Cellulose, gewonnen aus Holz. Häufig finden wir Viscose in Mischgeweben, z. B. mit Leinen oder Seide.

ZEPHIR

Ein feines, zartes Gewebe. Es wirkt weich und fließend. Aus diesem Stoff werden Oberhemden und Blusen gefertigt.

BESTELLUNG

○ Ich habe meine persönlichen Farben entdeckt und bestelle einen Farbpaß
für den Typ:

○ **Frühling**　　　○ **Sommer**　　　○ **Herbst**　　　○ **Winter**

Zutreffendes bitte ankreuzen.

Der Farbpaß enthält 28 Stoffmuster und läßt sich auf Handtaschenformat falten.
Der Einzelpreis beträgt DM 75,– zuzüglich Versandkosten.
Meine Bestellung erfolgt per Nachnahme.

○ Ihr Buch hat mich begeistert, und ich bin an einer Ausbildung zum
Farb-, Stil- und Imageberater interessiert. Bitte senden Sie mir kostenlos und
unverbindlich die Schulungsunterlagen zu.

Name _____

Adresse _____

_____

LIED
BEAUTY IS LIFE

Coupon bitte ausschneiden und senden oder faxen an: BIL LIED BEAUTY IS LIFE
Neue ABC-Straße 5 • 20354 Hamburg •Telefon 040/34 00 13 • Fax 040/34 21 85